いちばん
わかりやすい
道徳の授業づくり

 対話する道徳 をデザインする

荒木寿友 著

明治図書

はじめに

　道徳が教科化されてしばらく経ちました。多くの小中学校では年間35時間の授業が確保され，週に1回は道徳の授業をされているかと思います。教科化以前に比べたら，格段の進歩かもしれませんね！　でも，一方で授業時間数をこなすようになったからこそ，「どうしたらいいかわからない」「この授業展開でいいのか自信が持てない」という先生方のお話も聞くようになりました。さまざまな学校へ研修などでおうかがいしても，同じようなことを言われます。特に若手の先生に言われることが多いですね。

「いやいや，自信を持ってやってもらって大丈夫です！」

　それが，私の基本的な答えです。
　でも，それだけではもちろん納得していただけないので（そりゃそうだ！），いろいろとアドバイスをさせてもらいます。それをまとめたのがこの本です。第1章では道徳の授業の基本的なこと，そして，第2章では道徳の授業におけるさまざまな場面において，先生，特に若手の先生が悩むかもしれないなぁというところを想像して書きました。

　本書で最も大切にしたのは，できるだけ読者のみなさん，特に教員経験が浅い先生にとって，徹底的に「わかりやすく」なるようにしたことです（逆に言えば，ベテランのめっちゃわかっている先生には物足りないのかもしれません！）。
　ところが，テレビでおなじみの池上彰さんが『わかりやすさの罠』（集英社新書，2019）の中で，「わかりやすさの落とし穴」について，次のように書いています。「私の番組だけ見て満足してしまい，その後，自分で関心を持ってニュースを見たり，新聞を読んだり，調べようというところまでいかずに，『わかった』気になってしまっているのです」。
　これはまずい！　わかりやすく伝えると，わかった気になってしまうの

か！　でも，まずはわかりやすく伝えないと，何も始まらない！　そういった思いでこの本をまとめました。「守破離」という考え方がありますが，まずは「守」に入ってもらうためには，わかりやすさは邪魔にはならないはずです。

　さて，先程「自信を持ってやってもらって大丈夫」と言いましたが，その裏には意味が込められています。それは，見せてもらう授業での子どもたちの顔が幸せそうなんです（ムムっと悩む顔も！）。学校へ行って幸せそうに授業を受けている，それに勝るものってありますか？　それは，子どもが「今を生きる権利」，「子どもであることの権利」を学校空間で保障されている姿なんだなって思うんです。もしかしたら，すごい悩みを抱えているかもしれない，家に帰ると辛い思いをしなければならないかもしれない，でも授業を受けている間はそういった「辛さ」を忘れて，友だちと一緒にいろいろと考えることができる，話し合うことができる，笑い合える，それ以上の幸せってないような気がします。

　もちろん，そういった「しんどさ」を抱えている子どもたちが増加していることも知っています。有形無形で発せられる子どもの辛さを我が身のこととして感じ取って，さまざまな観点からケアしながら学級経営するからこそ，「授業」って成立するんですよね。教師の仕事のすばらしさに頭が下がります。

　だから，私は授業を見せてもらうときに，授業そのものの展開の仕方よりも（それはそれでちゃんと見ていますけど），教師と子どものやりとり，子ども同士のやりとりがいかに安全で安心した空間でなされているかを気にしています。学級経営の観点です。そこに「歪み」を感じたら，まずはそこを問うようにしています。たとえばプリントを返す際に，子どもの目も見ずに事務的に返している先生（授業そのものと全然関係ない場面ですよね）に対

しては，そこを指摘します。逆に，プリントを配る際に，「はい，どうぞ」「ありがとう」のやりとりが普通にできているクラスは安心します。「そんな意見が出てくるなんて，先生の予想を超えてるわ」と笑顔でさらっと発言する教師の言葉にも安心します。「何しに来たん？」と休み時間に私に笑顔で聞いてくれる子どもがいることにも安心します。

　授業は，子どもたちがその場にいてくれるからこそ成立します。いろいろな背景がある中で子どもが学校に来てくれていることを「当たり前」とは思わず，その中で授業が成立することをむしろ「感謝する」ことが大切なのかもしれません（実は娘が不登校傾向で，担任の先生などにものすごくお世話になっています。感謝しかありません）。

　子どもが学校にいる！　だからこそ，その瞬間を大切にした授業をしてほしいなと思います。そのときに本書が一助になれば幸いです。
　主人公は子どもたちであり，それを支えるのは先生。
　そしてそれを支えるのが私です。あくまで「伴走者」です。

　では，本書を通じて，道徳教育の新しい世界へ一歩を踏み出しましょう！

2021年2月

荒木寿友

CONTENTS

おわりに

付録 学習指導要領『解説』内容項目一覧

引用・参考文献一覧

初出一覧

第1章

いちばんわかりやすい
道徳の授業づくり
基本のき！

01 「特別の教科 道徳」って？

道徳科はなぜ誕生したのでしょうか？ 道徳科が生まれる背景や流れ，道徳科の新しいポイントはどこにあるのかなど，簡単に見ていきましょう。

道徳の時間から「特別の教科 道徳」へ

　広く知られていることですが，道徳が教科化されるきっかけとなったのは日本各地で社会問題となっていたいじめ，中でも大きな契機となった事件が2011年の「大津市中2いじめ自殺事件」です。本来，子どもたちが安全に安心して生活し，学んでいく場としての学校が，いじめを生み出してしまっている現状に対して，2013年2月教育再生実行会議は第一次提言「いじめ問題等への対応について」を発表しました。その中で道徳教育の充実と教科化が提言されたのです。この提言を受けて，同年3月に「道徳教育の充実に関する懇談会」が開始され，同年12月には報告書が提出されました。

　そして，2014年10月には中央教育審議会答申「道徳に係る教育課程の改善等について」が出されました。答申では，道徳の時間が他教科に比べて軽視されているという問題（たとえば道徳の時間が算数の時間に変更になったりね）をあげ，「一般の教科」ではない「特別の教科 道徳」（仮称）が教育課程に位置づけられること，また「特別の教科 道徳」を要として学校の教育活動全体を通じて道徳教育が行われるように教育課程を改善すること，多様な指導法，検定教科書の導入などが提言されました。

　そして，2015年3月に学習指導要領の一部改正という形で「特別の教科である道徳」（通称：道徳科）が誕生しました。小学校は2018年，中学校は2019年度より完全実施されています。

道徳科改訂のポイント

　道徳科改訂のポイントは細かく見ていくときりがないのですが，ここでは大きく四つのポイントに焦点を当てます。一つ目が道徳科の目標がこれまでの目標に比べてわかりやすくなったところです。二つ目が，道徳の内容を発達に合わせて体系的に示したことです。それぞれの内容項目が小学校低・中・高学年，そして中学校での発達に合わせて整理されています。三つ目は，指導方法の多様化です。学習指導要領の『解説』には，これまでの道徳の授業の反省として「読み物の登場人物の心情理解のみに偏った形式的な指導が行われる例がある」と記載されていますが，道徳科では**「考え，議論する道徳」**という新しいキーワードを用いて，問題解決的な学習などを例示しています。そして，四つ目が道徳科の評価です。これまでも数値評価を行わないことは明記されていましたが，今回からは子どもたちの学習状況を見取り，認め励ます個人内評価を行うことになっています。それぞれのポイントについては後ほど詳しく見ていきましょう。

　このように，道徳化改訂のポイントはまとめられます。そもそもは，いじめ問題への対応が契機となって始まりました。問題解決的な学習が取り入れられたのは，実際にいじめという問題が生じた際に，その解決まで視野に入れているからでしょう。ただし，道徳教育の充実といじめの発生との関連については，やはりきちんとした調査が必要になるでしょう。道徳の授業をきちんとやっていたにもかかわらずいじめが発生したのか，心情を重視した道徳の授業をやっていたからいじめが発生したのかなど切り口は多様でしょうが，エビデンスに基づいた「総括」が求められます。

POINT

・いじめ問題への対応がきっかけとなり，「特別の教科である道徳」（道徳科）が誕生しました。
・道徳科では目標，内容，方法，評価のそれぞれにおいて変化が見られます。

02 学習指導要領の目玉，「深い学び」と道徳の関係性は？

 道徳の授業における「深い学び」ってどういうことなのか，一緒に考えていきましょう。実は道徳における深い学びってあまり語られていないんですよね。

そもそも深い学びとは

　2017年3月に改訂された学習指導要領。その改訂作業が始まった頃は，「深い学び」という言葉はありませんでした。学びにおける「深さ」への視点は，「**アクティブ・ラーニング**」の言葉をきっかけに始まったと言えます。2012年，大学教育改革の流れの中で登場した「アクティブ・ラーニング」（能動的学修）という用語が日本の教育界を席巻し，この流れの中で，2014年には「教育課程企画特別部会　論点整理」において，「**課題の発見・解決に向けた主体的・協働的な学び**（いわゆる『アクティブ・ラーニング』）」と呼ばれるに至りました。

　ところが，この「アクティブ」という言葉から「活動的な（活動中心の）学び」という意味で認識され，「活動あって学びなし」の状態を生み出してしまうのではないかという事態が懸念されました。この状況に対して，松下佳代氏（2015）は「ディープ・アクティブラーニング」という表現を用いて，学びにおける「深さ」をアクティブ・ラーニングにおいていかにして追究していくかを論じました。

　結果的に，みなさんもご存知の通り，「主体的・対話的で深い学びの実現」（アクティブ・ラーニングの視点からの授業改善）という表現に落ち着きました。では，具体的に「深い学び」はどう説明されているのでしょうか。

　習得・活用・探究という学びの過程の中で，各教科等の特質に応じた「見方・考え方」を働かせながら，知識を相互に関連付けてより深く理

解したり，情報を精査して考えを形成したり，問題を見出して解決策を考えたり，思いや考えを基に創造したりすることに向かう「深い学び」が実現できているか。

（文部科学省『新しい学習指導要領の考え方』より抜粋）

　この説明からわかるように，その教科等の核心となる「見方・考え方」を中核において，知識の関連付けや問題の発見や解決，創造的な思考をしていくことが「深い学び」であるといえるでしょう。田村学氏（2018）も述べるように，学びが深まっていくということは，**頭の中の断片的な知識や経験が関係づけられ，より大きな意味を持った集合体になる**ということ，いわば**知のネットワークをつくっていくことを意味しています。「深い学び」とはそういった知識のネットワークを様々な問題解決のために活用していく学びである**といえます。

　では，道徳の場合，深い学びをどう考えたらいいのでしょう？

道徳の授業において目指す深い学び

　道徳においても，子どもたちのこれまでの生活経験や授業で知ったことが，そのままの状態で頭の中に「収容」されたままであれば，それは必ずしも道徳の深い学びになっているとはいえないですね。まずは道徳科の本質を表す「見方・考え方」を確認しておく必要がありそうです。

様々な事象を道徳的諸価値を基に自己との関わりで（広い視野から）多面的・多角的に捉え，自己の（人間としての）生き方について考えること。

（答申資料より：括弧内は中学校）

　これが，道徳教育の「見方・考え方」になります。道徳科の目標と似ており，道徳科の目標における**学習活動に着目した**「見方・考え方」になっています。**自己との関わり，多様な視点，自己や人間の生き方**，これらのポイン

トを考えていくことが，道徳教育における深い学びに結びつきそうです。

　道徳の授業では，何かしらの道徳的価値に基づいた教材が準備され，その教材を中心に授業が展開されます。道徳的価値に対して，子どもたちがどう考えていくかが学びの深さにつながってくるのですが，先の「深い学び」でお話したことをちょっと思い出してください。そう，**知識のネットワーク化による活用を目指す**といいました。つまり，これまでの生活経験や授業で知ったことなど，**断片化された情報としての道徳に関する知識が，「見方・考え方」を通じてネットワーク化され，本当の意味での道徳的知識になっていく**ことが，道徳科における深い学びといえるかもしれません。

　その意味では，提示されている道徳的価値が一般的に何を意味するのかについて子どもたちも知っておいてもいいかもしれません。いわば，**道徳的価値を情報として知る**ということもありでしょう。

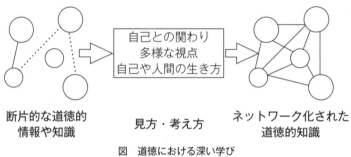

断片的な道徳的　　　　　見方・考え方　　　ネットワーク化された
情報や知識　　　　　　　　　　　　　　　　道徳的知識

図　道徳における深い学び

　注意しなければならないのは，**道徳的価値を教師の「価値観」として教えるのは避けるべきである**ということです。価値観にはその人の判断基準や評価基準が含まれてしまいます。**道徳科は子どもたちにその判断や評価の基準を，自分を見つめながら多様な視点を考慮しつつ自ら創出してもらうことを目指しており，それが道徳性につながってくる**からです。

　断片的な道徳的な情報が子どもたちの生活経験との関連で解釈され（自己との関わり），生活経験に意味がもたらされてきます。その意味を持った個人の生活経験が他の人の場合であればどういう意味になるのか考えていく

（多様な視点），それを踏まえて自分たちはどう生きていくのか捉えていく（人間としての生き方），こういったプロセスが，道徳的知識となり，深い学びになると言えるのではないでしょうか。

子どもたちを深い学びへと誘う道徳の授業の仕掛けとは

　では，具体的にはどういった仕掛けが考えられるでしょう？　そのキーワードは「ズレ」です！　つまり，**ズレを意識させる問いを準備する**ことです。子どもたちの既有知識に揺さぶりをかけ，「なんでだろう？」「どうしてだろう？」と疑問を生じさせる問い，教材を別の角度から捉えてみる問い，自分が同じ立場に立ったならどうするのかという問い，一般的にはそう言えるかもしれないけど，でもこの場合はどう考えたらいいんだろうという**特殊性を問うような問い**，逆にそもそもを考えて**道徳的価値の本質を問うような問い**，その道徳的価値を重要視すると逆にこっちの道徳的価値はどうなるのという**相対的な意味を問うような問い**などが考えられます。これらは一問一答型の問いではなく，子どもたちが思考せざるをえない問いです。

　さまざまな問いを通じて道徳的価値について考えることで，断片的だった道徳的な情報がネットワークをつくり，さらに深い道徳的知識となっていき，それが子どもたちの道徳的価値観の形成につながっていくのではないでしょうか。

POINT

・深い学びとは，子どもたちが知識のネットワークを創り上げることで，新たな課題を解決していける学びを意味する。
・知識として道徳的価値の理解をしよう。
・道徳科の「見方・考え方」を意識した授業づくりをしてみよう。
・子どもたちの認識との「ズレ」を生じさせる問いを準備しよう。

03 　考え，議論する道徳とは？

道徳科の一番の核は，なんといっても「考え，議論する道徳」にあります。「考える道徳」「議論する道徳」が何を意味するのか考えてみましょう。

「考える道徳」の登場

　道徳の授業づくりにおいて大切にしなければならないキーワードの一つに，「考え，議論する道徳」が挙げられます。この言葉の原型の登場は，2013年にさかのぼります。「道徳教育の充実に関する懇談会」が提出した「今後の道徳教育の改善・充実方策について（報告）」において，これからの道徳の授業では，「多角的・批判的に考えさせたり，議論・討論させたりする授業を重視することが必要であろう」と提起されました。**多角的に，批判的に考える**と表現されているのがポイントです。その後の改訂作業の中で，「批判的」という言葉そのものはなくなってしまいましたが（おそらく日本人にとってはマイナスのイメージが強いからでしょう），考え，議論する道徳において，批判的という言葉の意義は非常に重要です。批判的に考えるとは，**物事の筋が通っているか，論拠は正しいのか，他の方法は考えられないのかなど，熟慮するという意味**が込められています。

　「考える」にも，浅いとか深いとかいろいろなレベルがあることは，みなさんも経験的に感じていると思います。浅い考えって，たとえば「短絡的」（原因と結果をすぐに結びつけてしまう），「一面的」（一方向からしか物事を眺めない），「表層的」（うわべだけで物事を捉える）といった言葉が考えられます。もちろん私たちが目指したいのは，短絡的で一面的で表層的な道徳ではなく，「深く考える道徳」，つまり「熟慮する道徳」なのですが，この熟慮ってどうすれば道徳の授業で取り入れていくことができるのでしょうか。

　「熟慮」については，デューイ（J. Dewey）など多くの教育学者が論じて

います。たとえば，デューイはやみくもに試行錯誤を繰り返すことを熟慮とは呼びません。いろいろとやってきたことの中に関係性を見出していくこと，意味を見出していくこと，この行為がどのような結果（未来）につながるのかと物事の前後に関連を見つけること，つまり過去と現在，未来を意図的に結びつけることを熟慮とみなしています。さらに結末への関わり，未来の結果に対して責任を引き受けることも熟慮と捉えています（デューイ1975）。

　このデューイの考えに基づいて「考える道徳」を捉えると，誰かが言っていることを鵜呑みにしたり，他人の意見に流されてしまうのではなく，自分の頭で考え，関連性や意味を見出し，判断していくことであるといえます。つまり「考える道徳」とは，誤解を恐れず端的に表してしまえば，思考停止しない道徳，わかったつもりにならない道徳，つまり問い続ける熟慮する道徳であるといえるでしょう。

　以上から「深く考える道徳」とは，次のように捉えられるでしょう。

・即断即決ではなく，様々な可能性を探ること。
・できるだけ多様な面から物事を捉えてみること。
・物事の本質（不可欠なもの）は何か探ってみること。
・物事の関係性を見出したり，意味づけを行うこと。
・自らが考えた結果に対して責任を持つこと。

　上記の点を一つの授業ですべて網羅することは難しいかもしれませんので（むしろそうしてしまうとうわべをなぞるだけの授業になってしまうかも），「今日はこの点に焦点を当ててみよう」と的を絞る方が有効です。ただし，道徳的価値について考えるという点は常に意識しておいてくださいね。

「議論する道徳」ってどんな学習活動？

　2016年7月の「道徳教育に係る評価等の在り方に関する専門家会議」が提出した報告や，2017年7月の学習指導要領解説「特別の教科　道徳編」の資料などを見ても，実は「議論すること」そのものについての詳細な記述は載っていません。その多くは，「話し合い」，「語り合い」，「対話」，「討論」

などとほぼ同じような意味で用いられています。そもそも「考え，議論する道徳」という言葉は，「読む道徳，聞く道徳」（つまり，読み物資料をただ読んだり，教師の話を聞くだけで終わる道徳授業）との対比で用いられ始めましたので，**子どもたちが自ら意見を述べ，授業に積極的に参加するといった能動的な道徳の学び（アクティブ・ラーニング）そのものを意味する**と理解していいかと思います。

　このイメージから「子どもたちが話し合いをしたらいいんでしょ」と道徳の学習活動を捉えてしまっては，時期尚早です。話し合う活動が目的化してしまう「活動あって学びなし」の授業になるかもしれません。そこで，「議論する道徳」の核心や本質を，もうちょっと詳しく考えていきましょう。

議論が成り立つためには，まず人間関係ありき

　ちょっと想像してください。何かの研修などに参加したときに，いきなり隣りに座っている人と議論をしてくださいと講師に頼まれたら，嫌な感じがしませんか？　簡単な話し合いをするだけでも，やはり緊張しますよね。ですが，この際に自己紹介や打ち解けるためのゲームなどをすると，一気に話し合いがしやすくなります。このように，他者と議論や話し合いをするためには，その素地となる関係性が必要になってきます（下図参照）。逆にいえば，関係性が成り立っていないところでは，議論は成立しにくいといえます。

　ブーバー（M. Buber）が「我―汝」と「我―それ」という人間の態度から世界を捉えたことは有名です（ブーバー1979）。ごく簡単に説明すると，「我―汝」で語られる世界は，私の全存在をかけて，他者としての「あなた」の全体性と関わることを意味します。「我―それ」で語られる世界は，対象を「モノ」として捉え，自分の目

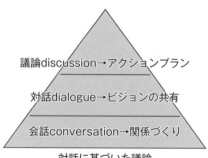

対話に基づいた議論
(Dialogue-Based Discussion)

中野，堀（2009）より筆者作成

的を達成するために手段としての「あなた」がいる世界です（「あの人は使える」という発言なんかはまさに「我―それ」で捉えていますね）。関係性を築くということは，「我―それ」の世界観から「我―汝」への世界観への扉を開いていくことになります。

道徳の授業では「議論」を求めているの？

「議論」を意味する discussion の cussion は，percussion（パーカッション）や concussion（脳震盪）から連想できるように，語源的には「打つ，叩く」という意味があります（ボーム2007）。**つまり，議論には，もともと徹底的に言葉をたたいていくというニュアンスが込められています。**また議論には勝ち負けがついて回る場合もあり，どちらの主張がより一貫性があるのか，筋が通っているのかというところに主眼が置かれているからです。

これからの道徳の授業は，こういった「議論する道徳」を求めているのでしょうか？　確かに，道徳性を伸ばしていくために「多面的・多角的に考える」学習活動が重視されていることに鑑みれば，「議論する道徳」も一理ありますね。でも，クラスの関係性が不十分なまま議論が行われたり，自分の主義主張を押し通していくような「議論する道徳」となると考えものです。「自立した人間として他者とともによりよく生きるための基盤となる道徳性を養う」ことを目的としている道徳教育なのに，他者との間に常に優劣や勝ち負けが存在する道徳の授業だと，趣旨が一貫しませんよね。

私は，道徳の授業においては「対話」を目指したいと考えています。**十分な関係性が築かれたうえでなされる対話，その対話に基づいた議論がこれからの道徳教育で，ひいてはこれからの世界を生きていくうえで，最も大切なことだと思っています。**

対話とは何か？

対話（dialogue）の語源を見てみると，"dia"（between, through：〜の間で，〜を通じた）と"logos"（word：言語，論理，意味）から成立している

ことがわかります。言葉を通じて新しい意味をつくっていくことが対話であって，単に二人組でおしゃべりをすることを意味するわけではありません。

　対話を通じて社会変革の道を探っていったのが，ブラジルの著名な教育学者フレイレ（P. Freire）です。彼は識字教育を通して，当時の抑圧された人たち（その多くは読み書きのできない農民）が自分たちの生活を変えていくことを目指しました（フレイレ1979）。

　フレイレによる対話の定義が非常にわかりやすいので紹介します（フレイレ1982）。彼の対話の要点は，第一に，**対話はAとBの水平的な関係であること**。第二に，**対話は批判的探究であること**。第三に，**対話は愛，謙虚，希望，誠実，信頼を基盤としていること**です。つまり，上下の垂直的な関係（教える―教えられるの関係）ではなく，お互いが対等な関係，しかもお互いに信頼で結ばれた中で，批判的な探究活動を行うことが対話だと定義しています。フレイレの対話の捉え方で最も興味深い点は，**批判的探究**があるということです。対話という言葉は，なんだか柔らかくてほっこりとしたイメージがありますが，決してそうではないのです。

　さて，フレイレの場合，対象としたのは主として成人で，かつインフォーマルな学校外の教育でしたので，水平的な関係で実践することが可能だったかもしれません。しかし，学校教育は教師と子どもの間に必ず明確な権力関係が存在します。となると，日本の枠組みで考える場合は，"すでにある権力関係に教師がどれだけ自覚的になれるか" "子ども同士がいかに水平的な関係になれるか" が大きなポイントになります。そして，それに自覚的になる方法として，「傾聴」が考えられます。

傾聴ってよく話を聴くこと？

　私は「傾聴」に，「よく話を聴く」という意味以上のものを込めています。私たちの口から出てくる言葉は，私たちが経験したことや考えていることで，経験していないことや考えたこともない言葉は決して発せられません。つまり，発せられる言葉にはその人の歴史が隠されているといえます。それは子

どもであっても一緒です。傾聴には，言葉の意味を探り，推測すること（な
ぜこの人はこういうことを言うのだろう？ 発言の背後には何があるんだろ
う？ と思いを巡らせること）が含まれます。**その人の歴史に耳を傾ける**と
いった意味を込めて，「**積極的傾聴**」と名付けておきましょう。

　さて，私たちがより話を聴いていくためには，発言に対する**判断の保留**
（成否や好き嫌いなどを意識的にやめてみること）をする必要が出てきます。
先入観に凝り固まって即断即決をしていては，「聴く」という行為が妨げら
れてしまいます。この判断を保留した「聴く」という行為，かつ，相手の思
いに考えを巡らせることが，他者に対する尊重（フレイレの言葉を借りるな
ら相互信頼）の基盤となります。楽観的かもしれませんが，教師のこういっ
た態度が「隠れたカリキュラム」（知識，行動の様式，メンタリティなどが
意図しないままに伝わること）として子どもたちにいい影響を与え，かれら
の水平的な関係における「傾聴」の態度を育んでいくのではないでしょうか。

批判的探究活動って必要？

　道徳（moral）の語源は，私たちが住んでいる場所が安定した場（安心・
安全な場）であることを意味していますので，共に生きていくためにはどう
すればいいかということを考えていく必要があります。そこで求められるの
が，慣習的な習慣を守るだけではなく，**物事を批判的に捉えてお互いに合意
できる点を探ってみる**という視点です。先程述べたように，批判的という言
葉には物事の節が通っているか，論拠が正しいのかなど様々な角度から分析
的に物事を解釈し熟慮していくという意味があります。何より大事なのは，
自分たちのものの見方や当たり前や前提を問い直すという作業です。そして，
よりよく生きていくためにはどうすればいいんだろうとお互いの主張が調和
するところを探していくこと，まさに思考停止せずに考え続けることが，批
判的な探究活動であるといえます。

　対話の結果として，私たちはお互いに共通了解をつくり上げることができ
るかもしれません（それは納得解と言われたり，最善解，最適解と呼ばれた

りします）が，対話にゴールはありません。その瞬間瞬間において最善なものを探し出すことであって，未来永劫それが最善であるわけではありません。人とのやりとりを通じて，自分の考えがより抽象的になり適応範囲が広くなっていくことを「建設的相互作用」といいますが（白水2020），対話とは，常によりよきものを探し出す生き方そのもの，自分たちのあり方そのものかもしれないですね。

対話がもたらすもの

そして，傾聴によって始まった対話によって，お互いの存在を認め合う，「存在の相互承認」というものが獲得される可能性があることも最後に指摘しておきます。「存在の相互承認」とは，あなたと私がここにいることをお互いに認めましょうという態度です。傾聴がどちらかと言えば一方向からの働きかけであるのに対して，「存在の相互承認」はお互いの関係が「相互の水平的な関係」に近づくことを意味しています。

児童・生徒の道徳性を育んでいくために教育手段として対話を用いるというよりも，**対話を継続して行っていくことそのものが，お互いの存在を承認し，より安定した場で生活していくことにつながっていくのではないでしょ**うか。このように対話への道徳教育は捉えられますが，これはもはや，道徳科の授業の中でどうこうするというものではなく，学級経営，学校経営そのものの「あり方」の話になってきますね。

POINT

- 考える道徳とは，さまざまな視点から熟慮していくということ。
- 議論する道徳とは，相手を打ち負かすことを目的とするのではなく，よりよい生き方を探っていくための対話であること。
- 対話をするためには，積極的傾聴が必要。
- 批判的探究活動によって，よりよい生き方をバージョンアップしていくこと。

04 授業づくりの大前提：
もやもやとワクワク

道徳の授業をつくっていくに当たって，大切にしたい「もやもや」と「ワクワク」。この二つの概念ってどういった意味を持っているのでしょうか？　これらの概念は，授業を考える際の大切な柱になります。

授業づくりに欠かせない「もやもや」

　私が授業づくりにおいて大切にしている概念があります。それは「もやもや」と「ワクワク」です。脳が不安定なもやもやした状態と，ワクワクする心の状態を同時に経験したときに，人はより成長していくという確信を持っているからです。

　一般的に，もやもやしている状態って気持ち悪いですよね。もやもやとは，今の自分の状態では解決できない，あるいはうまくいかない状況を指します。このもやもやとした不均衡な状態がいつまでも続くことって不快なので，私たちはこの状況から脱するためにすることが，「考える」という作業です。そして，この不均衡から安定した均衡状態に変化することが「発達」，あるいは「成長」といえます（荒木2017）。ということは，**もやもやした状態は，考える契機を与えてくれるものであり，人が成長していくためには欠かせない，必要不可欠な要素**といえますね。

　ところが，もやもやするということは，物事がうまくいかないこと，つまり「失敗する」ということにも関係してきます。「失敗」と聞くと，なんだか否定的な感じがしますよね。私たちはできれば失敗なんてしたくないと考えています。子どもたちはなおさらそうかもしれません。成長していくためには，もやもやや失敗は必要なのに，でもそのような状態は避けたいという矛盾が潜んでいます。この状況を私たちはどう捉えればいいのでしょう？

失敗は自己投資 !?

　アメリカの心理学者ドゥエック（C. S. Dweck）は，マインドセット（心の持ち方）の研究から，**固定的知能観（自分の能力は固定的だ）** と，**成長的知能観（努力をすれば能力は伸ばせる）** という二つの知能観を示しました（ドゥエック2008）。固定的知能観で物事を捉える人は，自分の能力に見合ったことしかしなくなり，他人の目をとても気にするので，失敗を過度に嫌がります。となると，結果的に新しいことにチャレンジすることが減ってきます。

　一方，成長的知能観の人は，自分の能力をどうすれば伸ばしていけるかということに着目しますので，結果としてできたかどうかよりも，どうすればできるのかという，やってみるプロセスに価値を見出します。となると，チャレンジすることが増えてきますよね。目標に向かってやり続けることを，アメリカの心理学者ダックワース（A. Duckworth）は **GRIT（やり抜く力）** と表現しましたが（ダックワース2016），成長的知能観の持ち主は，やり抜く力を持ち合わせているともいえるでしょう。学習指導要領で描かれた三つの資質・能力のうちの一つ「学びに向かう力・人間性等」は，成長的知能観ややり抜く力などを意味していると私は考えています。

　また，失敗を学びに活かしていこうというアイデアもあります。シンガポールの国立教育研究所のカプール（M. Kapur）は，**「生産的失敗」** というアイデアを提唱しています（Kapur 2008）。私たちが失敗から多くのことを学ぶのであれば，意図的に授業において失敗する場面をつくり出すような授業デザインをすればいいじゃないか，それが生産的失敗に基づいた授業です。

　実は日本でも，斎藤喜博が「○○ちゃん式間違い」という指導方法を提唱しました（斎藤2006）。授業の中での間違いに劣等感を抱かせるのではなくて，すべての児童の成長に活かしつつ，学級集団を結びつきのある集団にしていこうとする試みでした。

　以上からいえることは，**もやもやや失敗を子どもたちが経験したまさにその瞬間に，私たち大人がどれだけ丁寧に心理的・感情的なサポートができる**

かどうかということに，成長的知能感の育成はかかってきます。もやもやとした状況を子どもたちが喜んで受け入れられるような，成長的知能観を抱けるような，そんなサポートが必要になります。学校が，安心して失敗ができる場でなければなりませんね。

学びにワクワクは不要？

さて，ワクワクにもいろいろなタイプがあるかと思います。今回は二つに絞って考えてみましょう。その一つは感情的に「楽しい！」と感じる**情意的な側面**，もう一つが「もっと知りたい！」「何だろう？」と**知的な関心や好奇心を抱く側面**です。どちらも人間にとっては一歩前に進むための大きな原動力になっているものですね。

ところが教育の世界では，ワクワクすることはこれまで避けられていた気もしないでもありません。「勉強」という言葉を見てもわかるように，もともと気乗りしないことを無理にやること，つまり「苦行」が教育の世界にはあるのではないでしょうか。勉強なんてものは遊びと違ってそもそも楽しくないもの，苦しみながら努力して身につけていくもの，そういうマインドが根本に流れているかもしれません。つまり，学びにおけるワクワク感は勉強とは関係のない遊びにつながるものとして，暗黙のうちにタブー視されてしまっているのです。果たして，このような学び観でいいのでしょうか。

さまざまなところで語られるワクワク

たとえば波多野誼余夫らは，なんと40年以上前に**「知的好奇心」**の重要性を説いて，知的好奇心を引き出す授業モデルを提示していました（波多野ら1973）。ほぼ同時期に，板倉聖宣は理科教育の分野で**仮説実験授業**を発案し，「楽しい授業」を提唱していました（板倉1988）。

最近では，上田信行氏が**「プレイフル」**という言葉で学びにおける楽しさを表しています（上田2020）。「ワクワクドキドキする心の状態」を意味するプレイフルという概念を用いて，学びは本来楽しいものであり，真剣に楽

しむことで新しいことにチャレンジし，創造性が溢れてくると説きます。彼はこう言います。「楽しいことの中に学びが溢れている」と。

　海外に目を向けてみるとどうでしょう。アメリカの心理学者チクセントミハイ（M. Csikszentmihayi）は**フロー理論**を提唱しています（チクセントミハイ2010）。フローとは，最高のパフォーマンスをしている際に，その瞬間はあたかも水が流れている（flow）ように感じる状態で，その状態は自分自身のスキル（技能）とチャレンジ（挑戦）のバランスが取れた最適な状態であると言われています。

　また教育工学の分野では，1980年代から授業における学習意欲の喚起に焦点を当てた**ARCS（アークス）モデル**がケラー（J. M. Keller）によって提唱されています（ケラー2010）。学習者の注意（Attention：いわゆる導入部の工夫）を向けさせ，学びにおける関連性（Relevance：生活とのつながりや意味の関連づけ）を明確にし，学習者の自信（Confidence：やればできる）や満足感（Satisfaction：挑戦してみてよかった）を満たしていくこのモデルは，授業の様々な場面で学習者の意欲を引き出すポイントを示しています。

　以上から言えることは，**ワクワクは単に感情における「楽しい」だけを意味するわけでは決してない**ということです。これは学びの導入部における着火剤のようなもので，それだけではすぐに消えてしまいます。波多野やチクセントミハイらの主張からもわかるように，**子どもたちの「楽しい気持ち」に火がついたら，それを消さないための「知的ワクワク感」を引き出して真剣に楽しんでいく必要があります**。学びにおける楽しさは，決してタブー視されるものではないのです。むしろ必要なものです。

目指せ！　もやもやとワクワクの道徳授業

　以上のことを，道徳の授業づくりに当てはめて考えてみるとどうなるでしょう。道徳の授業で強調されているのが**「考え，議論する道徳」**であり，多様な価値観があることを認めつつ，道徳としての問題を考え続けることに重

点を置いています。先にも書いたように，モヤッとすることは考えるきっか
けを与えてくれます。さらに言うと，「私は人と意見が違っているから，恥
ずかしいし黙っておこう」なんて子どもが考えてしまったら多様性に気づく
ことができません。道徳の授業で「ああかもしれない，こうかもしれない」
と子どもたちが考えていくことこそ，授業づくりにおいて最も大切なポイン
トだと思います。**「全員一緒」**を前提とした授業ではなく，**「全員違った存在
であること」**を前提に出発することが最も大切です。**他者と違うことが許さ
れる安心・安全な場づくりが大切な指標になってきますね。**

　また授業の導入部において，「楽しい」気持ちに火をつけて（教材によっ
てはしんみりと始めるのが適しているものもありますが），子どもたちに
「もやもや発問」を準備することが，知的なワクワクにつながります。

　何よりも，学びを仕掛けるみなさんが道徳の授業づくりにワクワクしてほ
しいなと思います。そのワクワク感は必ず子どもたちに伝わります！！

POINT

- もやもやとした状態は，考え始めるきっかけを与えてくれる。
- もやもやしたことを積極的に受け入れて，自分の考えを表現できる環境
  を整えること。
- ワクワクとした状態には，学びの着火剤となる「楽しい」という感覚と，
  「もっと知りたい！どうしてだろう？」という好奇心がある。

05 そもそも授業の一般的な流れって？

道徳の授業で「こうしなければならない！」というのは，それほどあるわけではありませんが，ゆるい感じで一般的な流れについては知っておいてもいいかもしれません。これを参考にしてみてください！

一般的な進め方

多くの授業は，「導入」「展開（前段・後段）」「終末」という流れで進められます。以下，道徳に限定して考えていきましょう。

道徳の授業の導入部分では，その時間に扱う内容項目（道徳的諸価値，p.161参照）に関する話をすることが一般的です。たとえば，「正直って何？」「これまで友情を感じたことある？」などが該当しますね。子どもたちは，これまでの生活経験からいろいろなことを話すと思いますが，言わせっぱなしだともったいないです。**子どもたちが発言していることは授業前の考え方ですので，どこかに記録しておくようにしましょう。**道徳ノートやワークシートに2分程度で書いてもらうのがいいと思います。そうすることで，授業後に子どもたちの考え方がどのように変化したのか確認しやすくなります。ただし，絶対に書かせる必要はありません。大事なのは，授業が終わったときに道徳的価値に対する子どもたちの認識が深まることですので，導入部では，書くことにそこまで焦らなくて大丈夫です！

導入が終われば，主として教科書教材に入っていきますね。これが**展開部**（展開前段）です。多くの場合は，教師による範読から始まりますが（必ずしも教師が読まないといけないというわけではありません），範読後は簡単な教材の内容理解をすることがポイントです。その際に，**挿絵や場面絵を活用することで内容理解がやりやすくなります。**ここでポイントとなるのが，**教材理解で授業が終わらないようにすることです。**そこで終わってしまうと，国語の読み取りの授業と大差ない授業になってしまいます。そこで大切にな

るのが，展開前段では，教材で表されている道徳的価値に焦点を当てて，その場面で理解しなければならないところに的を絞って内容理解をしていくことです。また後ほどお話しますが，教材から導かれる「中心発問」が教材に描かれている道徳的価値の理解を促していきます。

その後は「展開後段」と呼ばれますが，ここでは**道徳的価値そのものに焦点を当てた活動**をしていきましょう。これについても後ほどお話しますが，道徳的価値そのものについて考えていく発問を「テーマ発問」といいます。

そして最後の「終末」では，授業で学んだことを子どもたちが振り返ります。この時間がとても大切で，子どもたちが**学んだことの意味づけ**を行っていく時間です。自分を見つめる時間を確保しましょう。

授業づくりのちょっとした工夫

導入部の発展型ですが，ある先生は教材を範読した後に感想交流の時間を設けています。教材の感想を出し合う時間ですが，子どもたちから発せられた言葉から授業で扱っていくテーマが定められます。もちろん教師は教材研究からある程度テーマを設定していますが，子どもたちからすれば，自分たちが考えたいと思った事柄から授業のテーマが設定されるという点で，主体性が養われます。子どもたちののめり込み度が違います。

また，高学年になるほど教材の文章が長くなる傾向にあります。授業時間に範読すると，子どもたちが考える時間がなくなってしまう場合は，宿題や朝読書の時間にあらかじめ読んでおいてもらうのも一つの手法です。授業中は大切なところだけ焦点を当てて範読すれば，時間の短縮に繋がります。

POINT

- ・道徳の授業では，導入部において工夫をするように意識しよう。
- ・展開部において，教材理解だけを行うような授業は避けよう。
- ・道徳的価値について理解を深めるような展開を意識しよう。
- ・子どもが授業の主体者であることを，常に意識しよう。

06 学習指導案を書いてみよう

学習指導案は，教員生活を送るうえでは切っても切れない，ついてまわる存在ですよね。でも，いざ書こうとすると「あれ？ここには何を書くんだっけ？」ってわからなくなったり。ここを読めばわかりますよ！

学習指導案とは

　学習指導案と聞くと，「めんどくせぇ〜」「書きたくない〜」って思う人もかなりの割合でいると思います。そうですよね〜，その気持ちは十分にわかります。じゃあ逆に，指導案なし（極端に言うとノープラン）で授業ってできますか？　それはさすがにできないですよね。「めんどうだけど，書かなきゃいけないことはわかっている」，そんなみなさんにこの数ページを準備しました。

　学習指導案を書くとは，簡単にいってしまえば，**授業の目標を達成するために，授業中に生じる相互作用，やり取りを予想して，目標を達成するためにどうすればいいかという「地図」を手に入れる作業である**といえます。もちろん，教職の経験を積んでくると，学習指導案をわざわざ書かなくてもある程度の道筋が頭の中に描けることもあります。すべての授業で学習指導案を書かなければならないと私自身は思っていませんが，年に何度かは意識して書いたほうが，行き当たりばったりの授業を避けることはできますよね。行き当たりばったりの授業とは，教材研究がおろそかなことが原因で子どもたちに考えさせるポイントがぼやけていたり，子どもたちの現実にマッチングしていない教材を選んだり，あるいは授業の流れの予測が甘かったりして，結果的に子どもたちがワクワクしないし，もやもやとしない授業になってしまうんですよね。目の前の子どもたちが全然乗り気じゃない，つまんなそうにしている，そんな授業を回避するためにも，学習指導案を準備することって大切なんですよ。

指導案には何を書くの？

　では，学習指導案には何を書いたらいいのでしょう。統一されたフォーマットなどはありませんので，各学校や自治体のやり方に従ってもらえればと思いますが，今回は『解説』を参考にしながら考えていきましょう。

（1）主題名

　主題とは，教材に基づいた授業テーマと，その時間に扱う内容項目のことです。一般的には授業のテーマのことを主題と言うことが多いです。たとえば，「異なる意見の尊重　B（11）相互理解，寛容」や「規則が持つ意味　C（12）規則の尊重」といった書き方をします。

（2）ねらい

　道徳科の授業のねらいは「○を通じて，△しようとする，□を育てる」という表記になります。独特の書き方ですね。○のところには，授業中に主として扱う内容や活動が入ります。たとえば，「小川笙船の生き方を支えた考えや思いについて話し合う活動を通じて」や，「挨拶に関する異なった事例から，挨拶の持つ意味について考えることを通じて」のように表されます。

　△の箇所には授業を通じて育てていきたい「ねがい」を書きます。授業をする以上は，子どもたちに何かしらのよい変化が生じてほしいですよね。その教師の想いを書くのがこの箇所になります。たとえば「自己の生き方を振り返り，よりよく生きていこうとする」や，「異なった立場を尊重し，他者を大切にしようとする」などが考えられます。

　□のところには，道徳性の諸様相（道徳的判断力，道徳的心情，道徳的実践意欲と態度）のいずれかが入ります。授業中に思考を巡らせる活動が多いのであれば道徳的判断力が該当しますし，授業が終わった後に「やってみたい」という動機づけを高めていきたいのであれば「道徳的実践意欲と態度」が入りますね。

　指導案を書く際に，先にねらいを書く必要はありません。なぜなら授業中

道徳科学習指導案【例】

1．日時：　○年○月○日
2．対象：　小学校6年生
3．指導者：　○○
4．主題名（内容項目）：　他者を理解するとは　B（11）相互理解，寛容
5．教材名：　銀のしょく台　ヴィクトル＝ユーゴー原作『ああ無情』による
6．主題設定の理由

（1）ねらいとする価値について

　相互理解，寛容は，「自分の考えや意見を相手に伝えるとともに，謙虚な心をもち，広い心で自分と異なる意見や立場を尊重すること」とある。ここには，他者の過ちや失敗に対して寛大になると同時に，自らもまた失敗をする人間であることを自覚し，自分に対して謙虚であるからこそ，他者に対して寛大に接することができることを意味している。広い心でお互いの違いを認めながら，他者を尊重する態度を育てていきたい。

（2）児童の実態について

　教科指導や学級活動において，頻繁にグループワークを取り入れることによって，自分と異なる意見を受け入れようとし，お互いに学び高め合う姿が見られるようになった。ただし，相手が失敗した際に寛容な応対をできない場合もあり，厳しく当たってしまう場面も見受けられる。お互いの違いを広い心で認め合う態度を育てたい。

（3）本時の教材の概要と活用方法

　主人公ジャン・バルジャンは，姉とその子どものためにひと切れのパンを盗んだ罪で19年間も投獄された。服役を終え，社会への憎悪と人間不信に満ちたジャンをミリエル司教は温かく迎え入れるが，ジャンは銀の食器を盗んで逃げてしまう。憲兵に捕まり連行されて来たジャンに対し，司教は怒るどころか食器はあげたものだと言い，さらに銀のしょく台を手渡す。この出来事をきっかけにジャンはこれまでの人生を懺悔し，正直な人間として生きていこうと決意する。教材理解を助けるために，しょく台を渡すシーンにおいて役割演技を行う。

7．本時のねらい

　ミリエル司教の行いやジャン・バルジャンの心情について話し合う活動を通して，相手を許すことの難しさや素晴らしさに気づき，他者の過ちや失敗を広い心で受け止めようとする道徳的心情を育てる。

8．本時の展開（導入・展開・終末）

	学習活動	主な発問と児童の反応	指導上の留意点	資料など
導入	しょく台の役割を知る。	○ろうそくに灯を灯すのは，どんなときですか。 ・誕生日，クリスマスなど	しょく台は祈りを捧げる際に使われる大切なものであることを確認。	しょく台，ろうそく，マッチ
展開前段	資料前半（冒頭～銀の食器を盗む場面）を読み，ジャン・バルジャンの行動や背景を確認する。	○ジャンや司教さんはどんな人だと感じましたか。 ・ジャンは生きるのに必死。 ・司教さんは心が広い人。	時間をかけすぎないようにする。	教材文 挿絵
展開後段	資料後半（銀のしょく台を手渡される場面）を範読し，教師がその場面を再現する。	○司教に「さあ，あなたに差し上げた燭台をお持ちなさい」と言われたとき，ジャンは心の中でどんなことを考えていましたか。	児童がジャン役となって燭台を受け取る動作をすることで，ジャンの心情を想像しやすくする。	教材文 挿絵
	銀のしょく台を渡したときの司教の思いを想像し，付箋に書く。	○しょく台を差し出した後，司教はどのような声をかけたのでしょうか。	ジャンになる活動をした後で司教の思いを想像することにより，しょく台に込められた思いをより深く捉えられるようにする。	付箋
	ペアで，銀のしょく台を渡す場面を再現する。	○しょく台を渡す場面をペアで演じてみましょう。 ・これを使って正直に生きていきなさい。	付箋を見合ったりペアで相談したりすることで，自分以外の意見を取り入れられるようにする。	
	人間ものさしを使って，司教の行動に共感できるか意見を交流する。	◎あなたは，司教さんの行動に共感できますか。「人間ものさし」で共感の度合いを表してみましょう。	役から離れ，自分として共感できるかを尋ねることで，自己を振り返ることができるようにする。	人間ものさしとは，教室の中に0～100のものさしがあると想定し，自分の考える度合いのところに立つアクティビティ
終末	自分の考えを司教への手紙に綴る。	○司教さんへの手紙に考えたことを書いてみよう。	手紙形式を使うことで，司教と対話しながら考えられるようにする。	便箋風ワークシート

9．評価

　ミリエル司教の行いやジャン・バルジャンの心情について，それぞれの立場から考え，話し合うことができているかどうか。

　ミリエル司教の行いを，自分自身はどう捉えるのかについて考えることができているかどうか。

藤原由香里（2019）を参照に筆者作成

に行う活動が含まれているからです。先に学習指導過程を書いてから，それに合うようにねらいを書いたほうが，書きやすいかもしれません。**よいねらいは，それを見るだけで授業中にどんな活動が行われるのか，教師のねがいは何か，ということがひと目でわかる書き方になっています。**

（3）教材名

教材名は，その時間に扱う教材名を書きます。

（4）主題設定の理由

主題設定の理由，つまりなぜそのテーマを授業で扱うことにしたのかということを書くのが一般的です。そこでは，**①扱う内容項目について，②子どもたちの実態と教師の願い（児童・生徒観），そして③使用する教材の特徴（教材観）について書いていきます。**①については，『解説』の該当する内容項目の箇所を参考にすると非常に書きやすくなります。

気をつけたいのが②です。ここには，これまでどのような指導を行ってきたのか，それを受けて子どもたちはどういった実態にあるのか，それに対して，教師は今後どのようになってほしいと願っているのか，ということを書くようにしましょう。その際に，**子どもたちのマイナス面だけに着目するのではなく，子どもたちを肯定的に見て，よいところを積極的に伸ばしていくような書き方になるようにしてみましょう。**

③については教材の特徴やあらすじ，教材を活かす方法を書きます。追加資料などがあればここに記しておくといいでしょう。

（5）学習指導過程

授業の流れは，「導入」，「展開」，「終末」ごとに書きます。導入部はだいたい5分くらい。授業で扱う道徳的価値について子どもたちがどう考えているのかを確認したり，あるいは教師がエピソードを語るなどします。展開は35〜40分程度。授業の中心部分になります。展開部を二つに分けて，展開前段，展開後段とする場合もあります。教科書を読んで内容を確認したり，

登場人物の考え方を探ったり，道徳的価値そのものについて話し合うなど，学習活動や教師の発問，予想される子どもたちの反応などを書いていきます。

　そして終末（5分程度）において，本時の内容を振り返り，**どのような新しい気づきがあったのか，どのようなことを学んだのか，新たに出てきた疑問は何かなど，学びを意味づけていきます。**とても大切な時間ですので，必ず確保しましょう。教師がエピソードを語ってもいいですね（これを説話といいます）。

　この学習指導過程において意識してほしいのが，道徳科の目標です。道徳的諸価値の理解を基に，**自己を見つめる活動，物事を（広い視野から）多面的・多角的に考える活動，自己（人間として）の生き方についての考えを深める活動という三つの学習活動を授業中にできるだけ確保できるように意識**してみましょう。

（6）評価

　そして，最後に評価です。詳しくは第8節で扱いますが，道徳科は主に学習状況や学習活動に着目して評価を行います。今回例示したねらいにおいて，「ミリエル司教の行いやジャン・バルジャンの心情について話し合う活動を通して」とありましたから，両者の立場に立ちながら考えたり，話し合うことができたのかという点などが，評価の視点になってきます。

　学習指導案のコツは，詰め込みすぎないこと！　押さえなければならないこと，子どもたちに考えさせたいことなど，絶対に外せないことを中心に書いていきましょう。**子どもたちがじっくりと考える**時間を大切にしましょう。

　学習指導案は，**書けば書くほど上手になっていきます。**書くことによって，子どもたちのことをより詳細にイメージしたり，内容項目についての教師の理解も深まりますので，教師の力量形成にも結びついてきますしね。

POINT

- ・学習指導案は，授業における「地図」の役割を持つ。
- ・ねらいは，どんな授業になるのかがわかるように書く。
- ・学習指導案は，詰め込みすぎず，じっくりと考える時間を大切に！

07 授業における教師の役割とは？

道徳の授業では，他の教科と異なった役割が教師に求められるのでしょうか。道徳の授業が上手な先生って他の授業も上手なんですよね。そのヒントが以下に隠されています！

教科と道徳の違い

　道徳の授業の大きな目的は，もちろん子どもたちの道徳性を育んでいくことなのですが，それは**子どもたち自身が主体的に道徳的価値観を形成していくこと**と密接に結びついています。決して，教師の価値観を伝えることではありません（子どもたちが判断するための材料の一つとして提示するくらいなら構わないと思いますが）。

　ここに，教科教育との違いが明確に現れています。すべてとは言いませんが，教科教育の場合は一定の教えていく教育内容があり，それを子どもたちに教え伝えることがある程度大切になってきます。誤解を恐れず言えば，教育内容を教え伝えたうえで考えるというのが一般的と言えるでしょう。

　それに対して道徳の場合は，多くは読み物教材などを用いて，子どもたちが道徳的価値についての理解を深め，緩やかに道徳性を育んでいきます。つまり，教えるという教育的な働きかけがそれほどない中で子どもたちが考えていくことを促していく必要があります（個人的には道徳に関する情報は教える必要があると思っていますが）。このような働きかけを**ファシリテーション（facilitation）**といいます。

ファシリテーターとしての教師

　ファシリテーションとは「促していくこと」，つまり会議などで参加者の考えやアイデアを引き出しつつまとめていくことを意味しています。ファシリテーターとはその役目を負っている人になりますね。**ファシリテーターは**

自分の考えを伝えるのではなく，参加者が考えていることをうまく引き出しつつ話の整理をしたり，合意形成を促していく存在であるといえます。

　教師が道徳の授業でファシリテーターになるということは，子どもたちへの問いかけが中心になります。そのうえで，子どもたちのアイデアを引き出したり，アイデアとアイデアをつないでいったり，一致点や相違点をまとめたりする，そういった役割を担うことになります。教師は子どもたちに比べると，人生を歩んできた時間が長い分，経験値が上です。ということは，多様な見方や考え方ができますので，考え方そのものを教え伝えるのではなく，そういった視点を子どもたちに提供して，新しい見方や考え方に気づいてもらうことが大切になってきます。

引き出すとはいっても

　ただ，考えを引き出すとはいっても，**人権を侵害するような子どもの発言が許されるわけではありません。**そこはちゃんと指導していく必要があります。学習指導要領の総則にも書いてある通り，「人間尊重の精神と生命に対する畏敬の念」が道徳教育の前提になっています。「自他の権利を尊重し生命を大切にする限りにおいて」多様に考え，よりよく生きていくことが，道徳教育，しいては学校教育の使命です。

　もう一つ付け加えると，**子どもにとって安心・安全な場を保障するのも教師の大切な役割です。**自分の意見が否定されない，この場にいていいんだと子どもたちが積極的に感じることができるような「場づくり」が求められます。これは普段の学級経営にもつながりますね。

POINT

・道徳の授業ではファシリテーターになることを意識しよう。
・問いかけによって，子どもたちの考えをどんどん引き出してみよう。
・でも，権利と生命については敏感になろう。
・子どもたちにとっての安心・安全な場づくりを心がけよう。

08 評価ってどうするの？

評価って難しいですよね。実際，いろんな学校に研修で呼んでいただく際の研修テーマになることも多いです。でも，評価の視点さえちゃんと準備しておけば，それほど難しくもないんですよ！

評価の基本的な考え方

　道徳の評価に限ったことではなく，あらゆる教育評価において当てはまりますが，評価をするに当たって最も大切なことは**指導と評価を一体化すること**です。「ん？　指導と評価の一体化って何？」と思ったかもしれませんね。

　指導と評価の一体化とは，簡単に言えば，**評価したことを指導に活かしていくこと**を意味しています。道徳科に限定すると，まず，子どもの学習状況や道徳性に係る成長を見取るということ，つまり子どもの変化を見取って子どもに返していくという評価の機能があります。そして，それで終わるのではなく，子どもたちへの評価を授業改善に結びつけていくという評価の機能があります。つまり，**子どもたちを評価するだけで評価が終わるのではなく，授業者として自らの授業を振り返り，次の指導に向けてよりよい授業づくりに活かしていくことが，指導と評価の一体化の意味するところ**です。評価しっぱなしでは，授業はよくなっていきにくいですね。

道徳科の評価とは

　先程，道徳科の評価で「子どもの学習状況や道徳性に係る成長」を見取るという表現をしました。これは，学習指導要領に書いてある文言なんです。より具体的にいうと，「児童（生徒）の学習状況や道徳性に係る成長の様子を継続的に把握し，指導に活かすよう努める必要がある。ただし，数値などによる評価は行わないものとする」（括弧内は中学校）と表されています。

　ここで注目するところは，**「学習状況」**と書いてあるところです。教科で

あれば，学習の結果を評価の対象としますが，**道徳科の場合は道徳の学びによって子どもたちにどのような変化があったのかというプロセスを重視する**点です。もう一つの注目点として，道徳性そのものの評価ではなく，「道徳性に係る」と表現されているところです。『解説』では「道徳性とは，人間としてよりよく生きようとする人格的特性であり道徳的判断力，道徳的心情，道徳的実践意欲及び態度を諸様相とする内面的資質である。このような道徳性が養われたか否かは，容易に判断できるものではない」と記されています。評価することが難しい道徳性そのものを，評価の対象とはしていないことがわかります。つまり，道徳的判断力は○○で，心情については△△で，といった感じで，観点別評価を行わないということが見て取れます。

　では具体的に，どのように学習状況や道徳性に係る成長を評価していくのでしょうか。『解説』では，「個々の内容項目ごとではなく，大くくりなまとまりを踏まえた評価とすることや，他の児童との比較による評価ではなく，児童がいかに成長したかを積極的に受け止めて認め，励ます個人内評価として記述式で行うことが求められる」と記されています。いっぱい出てきましたね。整理してみましょう。

　第一に，個々の内容項目ごとに評価するのではなく，大くくりなまとまり，つまり，1学期や1年間といった**時間的に大きなまとまり，内容項目（Aの視点，Bの視点など）の大きなまとまりでの評価**というのが挙げられます。

　第二に，比較による評価ではないということ，つまり「Aさんと比べてBさんは……」という集団の中での位置づけを表す相対評価ではないということです。もちろん，道徳性の成長そのものに到達点を設定することも難しいので，目標準拠型の評価でもありません。となると，評価の基準そのものが子どもたちの中にある個人内評価になります。それが第三の特徴である，「認め，励ます個人内評価」という表現でまとめられています。つまり，**その子ども自身が以前と比べてどのように変化したのかについて，いい面を積極的に認めていきましょう**というのが道徳科の評価なのです。

　これまでの話をまとめると，次のようになりますね。

・評価を指導に活かす→授業改善のための評価

・学習状況を見ていくこと

・道徳性そのものの評価ではないこと

・数値評価を行わない→相対評価や目標準拠型評価ではなく，個人内評価

・その子のよさや可能性を積極的に評価するということ

子どもたちの学びをどう見取っていくか

　では，より具体的にどのように子どもたちの学びを見ていけばいいのでしょうか。そのヒントが道徳科の目標に隠れています。というより，目標と評価は密接に関係しているので，目標に掲げてあることが評価の視点になりますね。道徳科の目標は「よりよく生きるための基盤となる道徳性を養うため，道徳的諸価値についての理解を基に，自己を見つめ，物事を（広い視野から）多面的・多角的に考え，自己（人間として）の生き方についての考えを深める学習を通して，道徳的な判断力，心情，実践意欲と態度を育てる」とあります。第6節でも述べましたが，道徳科の授業における重要な学習活動がここには含まれています。つまり，自己を見つめ，自己の生き方について考える（自己との関わりで道徳的価値を捉える）活動と，多面的・多角的に物事を捉える活動です。実はこれらが評価の視点になってきます。

　『解説』では次のように記されています。「評価に当たっては，（中略）**一面的な見方から多面的・多角的な見方へと発展しているか，道徳的価値の理解を自分自身との関わりの中で深めているかといった点を重視することが重要である**」。もう少し，具体的に見ていきましょう。

　「一面から多面へ」と子どもの認識がどのように変化したかということは，たとえば，読み物教材の中心人物の視点だけではなく，それに関わっている他の人の立場から捉えようとすることも考えられますね。あるいは，クラスの他の人の意見について「なるほど，そういった考え方もあるのか」と理解することも考えられます。さらには，教材の問題場面に対して，友だち関係だったらこうだけど，クラス（あるいは学校や社会）という集団から見たら

こうだよねという見方を拡大していくことも考えられます。

　「自分との関わり」という視点から見るとどうでしょうか。たとえば，教材の登場人物に自分を照らし合わせて，「自分だったらどうするか」ということを考えることや，教材から離れて，自分自身がどういった考えや行為をしているのか振り返ることも該当しますね。さらには，他の人と話し合う（議論する）中で，道徳的価値についての新しい見方を発見することもあるでしょうし，そういった価値理解をする中で，「いやいや，この価値って実現するのは相当難しい！」と子どもが実感するのも一つの気づきですよね。

　このような視点で子どもを見ていくわけですが，もちろん，**授業の中にそういった「仕掛け」があってはじめて評価の対象になります**。逆に言えば，そのような「仕掛け」がない中での評価は，マナー違反です。ぜひ，上記の視点を授業の中に取り入れてくださいね。

　評価文の書き方については，各学校や自治体の設定などもありますし，それに従ってもらえればと思います。「**大くくりな評価＋具体的な記述＋教師の認め励ます表現**」というのが理想です。具体的な記述のところには，子どもたちが書いたキラリと光る文章や考えを載せるといいでしょう。

　その際に，子どもたちの自己評価を有効活用するのが一つの手法です（具体的な方法については，第2章第31講を参照してください）。子どもたちに各学期を振り返ってもらい，「最も考えた授業は？」「最も悩んだ授業は？」「もやもやしてスッキリしなかった授業は？」などの項目を立てて，その理由を自己評価してもらうことで，子どもたちが自分の変化をメタ的に捉えることができます。この記述を評価に用いることもできますね。

POINT

- 指導と評価の一体化を意識しよう。
- 子どもたちのプラスの変化を評価として返していこう。
- 評価に関することが授業中に「仕掛け」てあって，はじめて評価が成立する。

どうして道徳の授業って難しいの？

　道徳の授業が難しいと感じている人は多いのではないでしょうか？　実はそれには，大きく二つの原因があると思っています。

　一つ目は，**被教育体験として道徳の授業を受けた経験が乏しい**のではないかということです。多くの先生方は，たとえば「こんな国語の授業をしてみたい」とか，「数学をもっと楽しんでもらいたい」という意気込みを持って教師になったと思いますが，それは，原体験としてモデルになるような授業を受けたことがあるからだと思います（反面教師も含みます）。ところが，東京学芸大学の調査によれば，道徳の授業は以前はそこまで積極的になされていたわけではありませんでした（東京学芸大学，2012）。つまり，いざ道徳の授業をしようとしても，モデルとなるような授業を経験したことがないために，いい授業のイメージを掴みにくいというハンデがあるんですね。

　二つ目としては，**授業時間の少なさ**に起因すると思います。たとえば小学校6年生の国語は年間175時間，中学校3年生の数学は年間140時間あるのに対して，道徳は35時間です。そうです。圧倒的に時間が少ないんです。もっと増やせという話ではなく（笑），教師として道徳の授業力を形成する時間が絶対的に少ないんですよね。なおかつ，担当する学年が変わってしまうと教材も変わるので，気持ちとしては絶望的です（笑）。授業を実施することだけが力量形成につながるとは思いませんが，少なくとも授業を積み重ねていくことは，力量形成の一助にはなります。つまり，**道徳に関しては積み重ねていく時間そのものが少ないし，学年が変われば新たな教材研究というハードルがある**といえます。

　となると，残された道は，「道徳の授業は少ない」ということを実感した上で，さぼらずに実践していくことです。いつも100点満点の授業をしようとしなくて大丈夫です（志としては大事かもしれませんが）。むしろ，実践を繰り返す中で，もっと上手にしたいという欲が出てくると思います。そのときが新しいステージに向かうきっかけになると思います。

第2章

ひとつひとつ，やさしく解説
いちばんわかりやすい
道徳の授業づくり講座

［授業開き］「みんなで絵を描こう」（pp.44-47）で実際に生徒が描いた絵。
教師が伝えたテーマは「中学校の入学式」。
生徒がつけたタイトルは「入学式でハイ！チーズ」でした。

01 道徳授業のねらいを伝える授業開き

「いつも通りの新学期でさえ，やらなきゃいけないことがたくさんあるのに，道徳も！」というお気持ちは重々承知していますが，でもせっかくなので「もやもやワクワクする授業」にしていきましょう。

楽しく始める！道徳の授業開き

みなさんは，毎年どのような道徳の授業開きをしていましたか？ 教科書に載っているものをそのままという方もおられるでしょう。いつもとはちょっと違った形で道徳の授業開きをしてみませんか？

授業開きには，国語なら国語，社会なら社会といった，各教科固有の目的が当然あります。では，道徳の授業開きでは，何をねらって実践すればいいのでしょうか？

これからの道徳を考えた場合，年間を通じて子どもたちに取り組んでもらいたい学習活動は，**多面的・多角的に「考えること」**と，**自分とは異なる他者と「議論（話し合い，対話）すること」**（自己内対話もあり）で，その活動を通じて**「どうすることが正しいことなのか，よいことなのか」を子どもたちが見極めていけるようになること**です。つまり，個人でしっかりと考えるということ，協働でアイデアを出し合って考えていくという学習活動を通じて，「よりよく生きる」ということを探っていくことですね。

となると，授業開きではこれらのポイントを子どもたちにしっかりと伝えていくことが大切になります。でも，このメッセージを伝えるだけなら5分で終わってしまいます！ 何より，教師のメッセージを伝達するのみで，子どもたちはまったくおもしろくありません。そこで，簡単なミニワークを準備しました（道徳の教科書と併用も可）。小学校中高学年以上のものを二つ提示しますので，学級の実態に合わせてアレンジして使ってみてください。

みんなで絵を描こう

対　　象：小学校中学年以上
所要時間：20〜30分程度
形　　態：4人程度のグループ
準 備 物：各グループにＡ4サイズの紙1枚，ストップウォッチ（なければ時計で代用），ふりかえり用のワークシート（あるいは道徳ノート）

進 め 方

1．これからあるお題に従って，一人20秒間だけ絵を描いてもらいます。一人が描けたら，次の人に紙と鉛筆を渡してください。Ａさんが描けたら次はＢさん，そしてＣさん，最後にＤさん。これを2回繰り返します（2周くらいがいいかなと思いますが，子どもたちの描いている量を見て，もし少なければ3周してもかまいません）。前の人が描いた絵に書き足して構いません。全員で一つの絵を完成させてください。最後に4人で考えてその絵に題名をつけてください。
2．ルールは簡単です。決して相談しないこと，黙って描くことです（ここが大事なポイントです。相談しちゃうと盛り上がらなくなってしまいます！）。『自分の前に描いた人は一体何を描いたんだろう？』って想像しながら，自分の絵を描き加えていってください。
3．では，お題の発表です！（お題には固有名詞は避け，たとえば，「新学期」「未来の乗り物」「休み時間」など，具体的すぎず，いろいろなイメージが浮かび上がるようなものがいいです）
4．では，やってみましょう。
5．ユニークな絵ができあがりましたね。では，4人で考えてその絵に題名をつけてみましょう。題名は紙のどこかに書いておきましょう。制限時間は1分です。
6．どんな絵ができあがったのか，みんなで見てみましょう。
7．今日の活動，みんなはどんなことを考えましたか？

物語をつくろう

対　　象：小学校中学年以上
所要時間：20〜30分程度
形　　態：4人程度のグループ
準 備 物：付箋紙一人10枚程度（なければ一人1枚のＡ4の紙），ストップウォッチ（なければ時計で代用），各グループにホワイトボード一つ（なければＡ4の紙）。
＊基本的には〈みんなで絵を描こう〉と同じです。アイデアを出し合っておはなしをつくるという点で，若干難易度が高くなります。

進 め 方

1．これから，"あるお題から連想する言葉"をできるだけたくさん出してもらいます。付箋紙（もしくは紙）に思いつくまま書いていってください。
2．では，お題の発表です（お題は「学校」「友達」「地球」など，〈みんなで絵を描こう〉と同じようなお題にしてください。連想する言葉を書くときには，「友達」といえば○○ちゃんなど，具体的な固有名詞は書かないようにしましょう）。まずは一人で考えてみましょう。制限時間は3分です。
3．4人組で出てきた言葉を机の上に並べてみましょう。同じような言葉があったり，ぜんぜん違う言葉があったりしますね。
4．では，その言葉をできるだけ使って「ハッピーな○○」（○○は最初に選んだお題を使う）というタイトルで一つの物語をつくります。物語はホワイトボードに書いていってください。制限時間は10分です。
5．では，どんな物語ができあがったのか，発表してみましょう。

【みんなで絵を描こう】 ＊第2章の扉の絵を参考にしてください

　手順3のところでお題を伝えるのは，最初の一人だけ。全体には黙っておきましょう。そうすることで，大きくその後の絵の仕上がりが異なります。どのような絵ができあがっても全然構いません。むしろ，その意思疎通がうまくいった場合やいっていない場合の絵を楽しむ（ただし，絵の下手さを強調するのはよくないですね）ようにしたほうが，次の活動に繋がりやすくなります。

　さて，ここで終わっては単なるレクリエーション。道徳の授業開きとしては，絵をみんなで見てからが大事な時間です。「今日の活動，みんなはどんなことを考えましたか？」という感想交流をしてみましょう。すると，

- ・黙って描くのがおもしろかった（むずかしかった）
- ・前の人が何を書いているのか想像するのがおもしろかった（むずかしかった）
- ・だんだんとバラバラな絵がまとまっていった！
- ・○○さんの発想がすごかった！

などといった，多様な感想が出てくるはずです。要は，**協働して何かを創り上げるという作業のおもしろさに気づいてもらうのが一番のポイントです。**

　最後のまとめには次のようなことを話します。これらが，これからの道徳の授業で学んでいく大事なポイントになります。それは，

- ・これからの道徳の授業でも，誰かの発言に付け加えたりしながら，新しい考え方をたくさん創り出していってほしいということ。
- ・そのためには，自分以外の人が話していることや考えていることをしっかりと聞いて理解すること。
- ・どうすることがみんなを幸せにするんだろうと考えること。

　最後は，個人で今日の活動をワークシートなどに振り返って終了です。

【物語をつくろう】

　基本的な流れは，〈みんなで絵を描こう〉と同じです。協働して何かをつくり上げるということ，他人のアイデアに耳を傾けるということを子どもたちに伝えてください。

　ここに示したものは，あくまで一例です。「考えること」「議論（話し合い，対話）すること」が含まれているワークであれば，なんでも構いません。

道徳の授業で学んでいくこととは？

　学校教育を通じて，特に道徳の授業で子どもたちに学んでいってほしいことは，次の4点にまとめられます。それは，

> ・一人でも必死に考えること。
> ・他人の意見をしっかりと聞く（聴く）こと。
> ・もっとよい考え方はないか，必死で探ること。
> ・多くの人たちと一緒に幸せに生きていくためにはどうすればいいのか，どうすることが正しいことなのか，よいことなのかを探ること。

　こういったねらいを達成していくためには，

> ・考える時間が確保されていること（自分の時間）。
> ・交流があること（他者との関わりの時間）。

が大切なポイントになります。

　どの授業においてもそうですが，授業開きで大事にしたいことはその教科が「楽しい！」「なんだかワクワクする！」「学ぶことに意味があるかも！」と子どもたちが感じることです。どれだけ子どもたちの好奇心を引き出せるか，それにかかってきます（好奇心については第1章第4節を参照してください）。

　そして，何よりも先生が楽しんで授業をしてくださいね！

02 子どもの問いから始まる授業開き

 今回は，子どもからの道徳の授業に対する「なぜ？」に答える形で授業開きをする方法を考えてみたいと思います。どんなことを子どもたちが考えているかわかりますし，長期的にその疑問に答えていく授業づくりができますよね。

道徳の授業開き

道徳に限らず，授業開きにおいて大切なポイントがあります。それは，

1. その教科を学ぶ意味（なぜ学ぶのか）
2. その教科を通じて身につけてほしい資質や能力（学んだ結果どうなってほしいのか）
3. その教科を学びたいという動機づけ（どうすれば楽しく学べるか）であるといえるでしょう。

今回は1と2に焦点を当てて考えてみましょう。3については，前節を参考にしてくださいね。

どうして道徳を学ぶの？

先日，ある小学校の6年生クラスを訪問したときに，道徳について子どもたちと一緒に考える時間がありました。時間にしてわずか15分程度。まず私からシンプルな問いを子どもたちに投げかけてみました。

> 道徳の授業って何のためにするの？

1と2をまとめた問いです。

子どもたちからはいろいろな疑問や考えが出てきました。

・「ほかの授業は答えがあるけど，道徳って答えがない。でも，答えがなかったら意味ないんじゃないの？」

・「道徳ってよく友だちと話をするから，話し合い活動のこと？」
・「アイデアとかひらめいたことを大切にする授業」
・「考えとか思いとかをしゃべるし，教科書を読むし国語と似ていると思う」
・「サッカーのミーティングでも話し合いをして，そこで出たアイデアを後
　で使ったりするから，道徳と似ているかも」

　みなさんはどう答えますか？
　道徳科の目標に書いてある「よりよく生きるための基盤となる道徳性を養
う」というようなことをそのまま文面通り子どもたちに伝えても，間違いな
く伝わりませんよね。そこで私は「よりよく生きる」という言葉を「ハッピ
ーになる」という言葉に置き換えました。つまり，道徳っていうのは，
**「どうやったらみんながハッピー（幸せ）になるのかについて，あれこれ
と考える時間です」**
と伝えました。
　続けて，「ところで，みんなにとってのハッピーって何？」と聞いてみま
した。するといろいろあがってきます。ご飯を食べること，遊ぶこと，宿題
がないこと（笑），スポーツしているとき，友だちがいること，家族がいる
こと，笑っているとき，などなど。
　「たくさんのハッピーが出てきましたね。○○さんの幸せと，△△さんの
幸せって違うかもしれない。もしかしたら，このクラスの幸せと隣のクラス
の幸せも違うかもしれない。ということは，**道徳で考える幸せというのは，
『答えがない』んじゃなくて，『答えがたくさんあって一つではない』という
ことになるんじゃないかな」。**
　道徳は「答えがない」という形で伝えられることがあるのですが，答えが
ないのではなく，「答えは一つではない」ということを子どもから出た疑問
に答える形でまず伝えました。たくさんの選択肢が考えられるんですよね。
　「答えがたくさんあるということは，まずはどんな答えが考えられるのか，
じっくりと考える必要があるし，考えたことをみんなで伝え合う必要がある

よね。だから，道徳には『話し合い活動』とか『対話活動』が入ってくるし，自分がどんなことを考えているのか他の人にわかってもらいたいですよね。答えが一つではないからこそ，たくさんのアイデアの中から，もっとも**私たちをハッピーにしてくれるベストチョイス（最適解）を見つけ出していく必要があるんです**」。

　これは先の子どもから出てきた「話し合い活動」やアイデアやひらめいたこと，国語との関係から説明した言葉です（国語とはそもそも教科のねらいが異なりますが，そのあたりは子どもたちには説明しませんでした）。

　「サッカーのミーティングと似ているっていうことを指摘してくれた人がいたよね。道徳も本当にそうだと思います。道徳の授業でいいアイデアをみんなで考え出しても，それを活かしていかなきゃもったいない。**みんなの普段の生活の中で道徳の授業で考えたアイデアなんかを積極的に使っていってほしいなと思います**」。

　要は，道徳の授業で考えたことを実際の行為へと結びつけていく視点を提示しました。

　ここで終わってもよかったのですが，最後にちょっと揺さぶって終わることにしました。

　「でも，道徳にはとても難しいところもあるんです。『みんながハッピーになる』というところなんですよね。私の幸せを考えるのは簡単かもしれないけど，私とあなたの幸せという話になると意見がぶつかるかもしれないし，私とあなたとあなた（三者の関係）の幸せになるともっと難しいかもしれない。自分たちだけが幸せで，知らないところで苦しんでいる人がいるかもしれない。逆に，みんなは幸せそうだけど，自分は全然そうではないこともあるかもしれない。『**みんなで**』というところをどこまで広く捉えていくことができるか，どこでみんなの幸せが調和するところを見つけ出していくのか，それが道徳の難しいところでもあり，考え甲斐のあるところでもあるんだ」。

　このような感じで子どもたちとの時間は終わりました。子どもたちの道徳に関する疑問に答えるだけでも，十分道徳の授業開きにつながってきます。

道徳の授業で大切にしたいこと

道徳科の目標は，次のように記されています。

> よりよく生きるための基盤となる道徳性を養うため，道徳的諸価値についての理解を基に，自己を見つめ，物事を（広い視野から）多面的・多角的に考え，自己（人間として）の生き方についての考えを深める学習を通して，道徳的な判断力，心情，実践意欲と態度を育てる。
>
> （括弧内は中学校）

誤解を恐れずに，ものすごく簡単に言ってしまえば，

・道徳的価値について考えること。

・さまざまな見方や考え方をすること。

・よりよい生き方について考えること。

が，授業の学習活動のメインになっています。そのためには，

・じっくりと考える時間が確保されていること。

・他人の意見にきちんと耳を傾けること。

・他者とつながること。

が，特に道徳の授業づくりで大切にしたいポイントになってきます。独りよがりのアイデアではなく，他者と検討を重ねてよりよい生き方のアイデアを考え出せるような授業づくりを目指したいですね。それによって緩やかに道徳的判断力や心情といった道徳性が育まれていくと考えられます。

03 教科書の読み物教材とどう付き合うか

教科書にはどういった教材が掲載されているのでしょう。今回は教科書に掲載されている一般的な教材の特徴を明らかにしたうえで、どのような道徳の授業が求められているのか考えていきたいと思います。

道徳教科書の役割とは？

　道徳の教科書には何が掲載されているのでしょうか。各教科書出版社がオリジナリティを発揮しながら編集を行っていますので、教科書編纂のコンセプトや、扱っている読み物教材、教材ごとの発問、挿絵、話のトーン、色使い、レイアウト、教科書の中でのキャラクターなどは異なってきます。

　ただ、少なくともいえることは、**内容項目（「正直、誠実」、「相互理解、寛容」、「公正、公平、社会正義」といったもの）と情報モラルや防災といった現代的な課題がすべて網羅されている**ことは間違いありません。これらに基づいた読み物教材などが教科書には多数準備されています。

　では、この読み物教材を子どもたちに伝達していけばいいのでしょうか？でもそうなってしまうと、なんだか、教科書や教師の価値観の押しつけになってしまいそうですよね。ちょっと長い文章になりますが、小学校の『解説』では次のように記されています。

　道徳科の内容項目は、道徳科の指導の内容を構成するものであるが、**内容項目について単に知識として観念的に理解させるだけの指導や、特定の考え方に無批判に従わせるような指導であってはならない。内容項目は、道徳性を養う手掛かりとなるものであり**、内容項目に含まれる道徳的諸価値の理解を基に、自己を見つめ、物事を多面的・多角的に考え、自己の生き方についての考えを深める学習を通して、「道徳性を養う」ことが道徳科の目標である。

（太字は筆者）

なるほど，道徳科の目標はあくまで，「道徳性を養う」ことにあって，内容項目（道徳的価値）や，価値に対する考え方（価値観）を教え込んでいくわけではないということです。道徳性を養っていくために，内容項目を扱ってくださいねというのが道徳科の基本的な考え方になります。

　となると，内容項目が描かれている読み物教材（手段）を通じて，道徳性を育んでいくこと（目的）が，読み物教材を用いた場合の授業づくりの基本的な考え方となります。

価値伝達型の読み物教材

　多くの読み物教材は，先程示したように，内容項目が盛り込まれています。もうちょっと詳しく書くと，「正直，誠実」という内容項目が生活場面などでどのように現れてくるのか，あるいは過去の偉人はどう取り組んでいたのかなど，特定の具体的な場面に落とし込んで描かれているのが読み物教材になります。そしてこれがもっとも一般的な道徳の読み物教材の型であるといえます。

　実はここに悩ましさが隠れています。つまり，教材に望ましい道徳的価値（あるいは価値観）の姿が描かれているからそれを教えたくなる衝動と，いやいや道徳的価値（価値観）は教え込みたくないよというもう一つの声。「道徳的価値を教え込んだり，特定の考え方に無批判に従わせたりしてはいけない」と注意されているにもかかわらず，教材そのものに望ましい道徳的価値が描かれてしまっているんですよね。

　たとえば，「はしのうえのおおかみ」という教材では，暗黙的にも明示的にも「他人にやさしくしましょう」というメッセージが込められていますし，「手品師」には「誠実に生きることや約束を守ること」がメッセージとして込められています。おそらくこの背後には「教育とは伝達である」という昔からの教育観があるのでしょう。

　となると，読み物教材を授業でどう扱っていくのか，それが私たちの大きな課題となってきそうです。

読み物教材は道徳性を育む一つの手段にすぎない

　やはり，価値伝達型の読み物教材を扱う際には，**「教材はあくまで手段の一つである」**ことに留意する必要がありそうです。そして，これがもっとも大変な点でもあります。なぜなら，教材をそのまま授業で用いることができないということを意味するからです。そのまま用いると，それこそ「読む道徳」になってしまい，現在の道徳授業の流れ（「考え，議論する道徳」）に逆行してしまいますよね。

　道徳的価値の一方的な伝達を逃れる方法として，以下の工夫が考えられます。それは，教材を通じて描かれている内容項目（主題あるいはテーマ）そのものを子どもたちと考えていくことです。東京学芸大学の永田繁雄氏が「テーマ発問」と呼んでいるもの，それからKTO道徳を提唱している筑波大学附属小学校の加藤宣行氏が用いる「深く考える発問」「問い返し」などがそれに該当しますが，要は**道徳的価値そのものを改めて問うということです。**「優しさとはなんだろうか」「親切にすることは必ず相手に喜ばれることなのだろうか」「そもそも誠実に生きるとはどういう意味だろう」といった発問は，教材の中に「答え」が書いてあるわけではありません。書いていない以上，子どもたちは教材や自分の経験に基づきながら必死で「答え」を考えようとします。そして他人がどう考えているか，よりよいアイデアを求めるようになります。つまり，**自分で考え，他人に学ぶ**，これが「考え，議論する道徳」につながってきます。

　道徳の読み物教材に描かれているのは，特定の具体的な状況下における道徳的価値が表れた一つの姿です。つまり，これをそのまま教えたとしても，子どもたちがそのような状況に遭遇する可能性は極めて低いことになります。**道徳の教科書はハウツー本ではありません**（そのように描かれているものもあるかもしれませんが）。それよりも，道徳的価値の本質を捉えながら，さまざまな側面から道徳的価値の理解を進めることで，道徳性を育成していくことがより大切なことです。

新しい教材の形を目指して

　とすると，むしろこれからは，読み物教材そのものを変えていくということもこれからの課題になってくるでしょう。そもそも価値伝達型で描かれているものを，現場教師の裁量に依存して，「考え，議論する道徳」を実施してもらおうというのは，ちょっと虫がよすぎる気がします。価値伝達型の教材だけでは，これからの道徳授業を担う教材としてすべてをカバーしているものとはいえないでしょう。

　情報として道徳的価値を知っているだけではなく，その価値を自分の，そして私たちの人生にどう活かしていくのか，それが今後求められている道徳科の役割だと思います。となると，**「資質・能力育成型教材」**が今後必要になってくるのではないでしょうか。資質・能力とひと言で言っても，そこには道徳的な情報や知識，思考力といった認知的能力だけではなく，道徳的にふるまう行為やそうしてみたいといった意欲などの社会情動的な能力も含まれてきます（第29講参照）。こういった視点を踏まえて，新しい教材が作成されていく必要があるでしょう。

04 教科書以外の教材研究例

通常は教科書を用いて道徳の授業をするかと思いますが，中には子どもの実態と合わない場合も出てきます。そうなると，別の教材を探してくるか，あるいは教師自らで教材を開発する必要が出てきます。でも，どうやって教材開発すればいいのでしょう？

教材開発の必要性

　道徳の授業を実践するに当たって，教科書教材が自分のクラスの実態にあっていない場合がありますよね。たとえば，郷土愛。教科書に載っているのは遠い地域の話で，子どもたちにとっては身近じゃないなぁとか。家族愛もそうですよね。多様な家族のあり方があってしかるべきですが，教科書教材はどちらかといえば一面的な家族の姿を描いているものもあります。

　あるいは，たまたま見たポスターや，YouTube，ニュース，新聞記事，絵本などにものすごく心揺り動かされた場合，これを授業で使って子どもたちと一緒に考えてみたいと思うこともあるかもしれません。

　前者の場合，教科書に変わる新しい教材を準備していく必要がありますし，後者の場合は，**素材を教材化していく必要が出てきます**。どのような点に気をつけながら教材開発をしていけばいいのでしょうか。今回は素材を教材化することに的を絞って考えていきましょう。

教材開発の手順

　ポスターや YouTube などは，そのままでは単なる素材です。それを教師が教育目的を達成するために，意図的に指導過程に位置づけることによって，教材になります（荒木2018，西野2018）。

　素材の教材化に当たって第一に意識してほしいのが，**その素材が子どもたちの好奇心を喚起するものであること**，いわゆる「問いを誘発するもの」であることです。多面的・多角的に考えざるを得ないような，『どうしてだろ

う？』という問いを誘発できるような，解釈が多様になるものがいいですね。

　第二に，その素材を教材化した場合，**どの内容項目に合致しているのかと**いうことです。この絵本の内容なら「相互理解，寛容」に合致しているなとか，そういうことです。独自教材を道徳の年間指導計画に位置づけていくためにも，この作業は大切になります。

　第三に，**その素材が虚偽（フェイク）ではないこと**です。授業の目標を達成するためなら嘘の記事でもいいや，とはなりません。情報元をできる限り調べるなどして，それが事実であるのか検証する必要があります。

　上記の手続きを踏まえたら，教材を学習指導過程に落としていきましょう。授業のねらいの作成，子どもたちに見せるタイミング，見せる前の伏線の有無，中心発問（あるいは子どもたちから出る問い），協働的な作業の組み方，自分の生き方に結びつけていくような振り返り，などです。

　以前私は「ボクのおとうさんは桃太郎というやつに殺されました」というポスターを独自教材として用いた授業をしたことがあります（荒木2017）。内容項目は「公正，公平，社会正義」。このポスターは子どもたちの見方を変えること，つまり，桃太郎の視点で考えるのではなく，退治された鬼の子どもの視点で物語を考えるきっかけを与えるために用いました。この授業の中心発問は「小鬼にとっても桃太郎が正義の味方になるような物語を考えよう」。鬼ヶ島の成り立ちや鬼の貧困問題まで想像した物語を，子どもたちは協働で考えていました。立場を変えて考える重要性に気づいたようです。

教師のアンテナが素材発見の鍵

　教材開発には教師の人間性が出てきます。教師が日常においてどういう問題意識を持っているのか，それが素材を発見する目につながります。さまざまな社会問題にできるだけ関心を持つこと，あるいは好きなものを増やしていくこと，そういう中で徐々に自分のアンテナが敏感になってきます。

　あ，そうそう，独自教材を用いる場合は，校長先生の許可を取るなど，手続きは踏んでくださいね。

05 偉人の教材研究例

偉人教材が増えてきました。その一方で，なんかうまく扱えないんだよなという声もよく聞きます。偉人教材の難しさと授業づくりについて，考えていきましょう。

偉人を扱う際の注意点

　道徳の教科書には，実に多くの偉人と呼ばれる人が掲載されています。学習指導要領でも，多様な教材の活用の一例として「先人の伝記」が明記されており，教科書には杉浦千畝，野口英世，マザーテレサといった先人から，今活躍しているアスリートなど，多様な分野から選ばれていますね。

　ただ，偉人を扱う際に気をつけておきたいポイントがあります。それは「偉人ってすごいよね～」というところにのみ焦点を当ててしまうと，子どもと偉人との距離感が逆に広がってしまい，子どもにとっては「すごすぎて私には関係のない話」になりかねません。また，偉人の職業のみに焦点を当てると，子どもの職業観とのズレも生じてしまいます。要するに，「自我関与」することができなくなってしまって，子どもたちの生き方によい影響を与えることができないんですね。さらにいうと，偉人はある意味社会的に成功を収めた人なので，「社会で成功することが人生において価値のあることだ」という隠れたメッセージを伝えかねませんし，また，偉人のように生きなさいというメッセージも伝わってしまう可能性があります。

偉人教材を用いた授業展開の例

　では，どのように扱っていけばいいのでしょうか。鳥取の小学校教諭の木原一彰先生の授業展開を参考に考えていきます。まず，偉人も人間であって，多くの苦労や失敗をたくさん経験していることを知る，つまり**業績（結果）のみに焦点を当てずに，どのような紆余曲折の人生を歩んできたのか**という

プロセスに焦点を当てることです。『解説』のほうにも，「先人の伝記には，多様な生き方が織り込まれ，生きる勇気や知恵などを感じることができるとともに，人間としての弱さを吐露する姿などにも接し，生きることの魅力や意味の深さについて考えを深めることが期待できる」と記してあります。偉人教材のよさを活かしていくためには，教師は授業前にインターネットや書籍などでどのような人物なのか，どのような困難があったのか，ある程度は調べておいたほうがいいですね。

　第二に，もし可能であれば，1時間単独で扱うのではなく，その人物について簡単に調べる学習，エピソード学習を取り入れることも考えられます。従来は教師がエピソード学習のプリントなどを準備しなければならない大変さがありました。しかし，今はタブレットなどの情報端末を子どもたちは手に入れましたので，たとえば「幼少期の頃の様子」「〇〇に勤め始めたとき」などトピックを決めておけば，朝読書の時間などを使って子どもたちが自分で人物のエピソードを調べることが可能になります。

　そのうえで，中心発問は以下のようなものが考えられます。

「なぜ〇〇は，～という生き方を選んだのだろうか？」

　さて，偉人教材の多くが「よりよく生きる喜び」という内容項目に紐付いています。「よりよく生きる」という道徳教育の根幹に通ずるこの内容項目は，ある意味，多様な道徳的価値を含み持つ内容項目であるといえます。ということは，授業を展開するに当たって，教師がその偉人教材に関連するさまざまな内容項目を意識することで，エピソード学習で知ったことを踏まえて，多面的に人物を捉えることができるでしょう。

　偉人の生き方をせっかく学んだのですから，そこから子どもたちには自分自身と結びつけてもらいたいですよね。授業の終わりには次のような発問をしてみてはどうでしょう。

「〇〇の生き方から，自分に活かせそうなところはどこだろう？」

　偉人について子どもたちが深く学べば，必ず何かしらの点で自分との結びつきを考えることができると思います。

06 メッセージ性の強い教材の扱い方

いいお話を知ると，子どもたちに伝えたくなってしまいますね。でも，そのいい話は，逆に言えば，「お説教」になってしまいかねません。いい話を使いつつ，価値に対する考えをどう深めるかについて見ていきましょう。

教材：「夜の時間をマネージメントする」（長谷部誠『心を整える』幻冬舎文庫，2011）
対象学年：小学校高学年～中学生　内容項目：Ａ（２）（中学校）　節度，節制

メッセージ性の強い教材

　本やテレビ，インターネットなどを見ていると，「子どもたちに読ませたい！　見せたい！」という強い衝動に駆られる「ネタ」に出会うことがあります。そして，そういった「素材」が教師の手によって「教材」へと姿を変えて，授業の中で活かされていきますよね。たとえば，YouTube などのインターネット動画，ポスター，ニュース，絵本など子どもたちの興味や関心を引き出す素材はたくさんあります。

　でも道徳の場合は，メッセージ性の強いもの，**たとえばある道徳的価値の大切さについて説いているものなど，子どもたちに思わず伝えたくなってしまうものには注意が必要です**。実際，道徳の教材には，多くの偉人やスポーツ選手が登場しますしね。

　そういった「いい話」「すごい話」を単に紹介するだけでは，子どもたちも「すごいね」という感想だけで終わってしまうと同時に，自分はできていないと自らを卑下したり，自分事と捉えてくれなかったりする可能性があります。特に今回扱う内容項目はＡ（２）（中学校）の「節度，節制」ですので，なおのことその可能性は高くなります。澤田浩一氏が指摘しているように，この内容項目は「道徳科の時間のねらいから外れて，道徳的行為を押し付け，生活指導のためのお説教を行いがち」（澤田2020）になりやすく，さらにそれを扱う教材に偉人が関わるとメッセージ性がさらに強くなるため，工夫が必

要になります。その工夫とは，道徳科の目標における三つの学習活動，つまり

1．自己を見つめる

2．物事を（広い視野から）多面的・多角的に考える

3．自分の生き方（人間としての生き方）について考える

をより一層意識していくことです。

　具体的にはどうすればいいのでしょう。私の好きなサッカー選手の一人である長谷部誠さんの『心を整える：勝利をたぐり寄せるための56の習慣』（幻冬舎，2011）の一節を用いて，授業づくりを考えてみましょう。

　題材：「夜の時間をマネージメントする」（長谷部誠『心を整える』より）

　対象学年：小学校高学年～中学生

　内容項目：A（2）（中学校）　節度，節制

　授業のねらい：児童・生徒自身が普段の生活を振り返り，長谷部誠氏のエッセイを参考にし自らの生活習慣をよいものにしていこうと考えることを通じて，節度ある生活を心がけようとする道徳的実践意欲と態度を育てる。

　あらすじ：大一番で力を発揮するために，試合の前だけではなく毎日22時には寝るなど睡眠をしっかり取るようにしている。でも，一日が終わって家に帰ると誘惑はたくさんある。夜更しをしてテレビを見たり，ゲームをしたり，ダラダラしようと思えばいくらでもできる。寝るという行為は意外と難しい。目をつむっても思い通りに寝つけないことだって多々ある。だからこそ，普段から「いい睡眠」を取るために夜の時間を自分でマネージメントする。寝るまでの1時間にこだわって，たとえばワールドカップのときは6つの行動パターンを実践していた。リラックスする音楽を流したり，お香を炊いたり，特製ドリンクを飲んだり，耳栓をしたり。日々のリズムを整えていくことが，勝負どころでの結果につながってくる。

「長谷部さんはこういった行動パターンをつくって，寝るまでの時間を調整しようにしているんだよ，だからあなたも見習って早寝するようにしてね」なんてことを伝えてしまっては，子どもたちは何も考えません。つまり，長谷部さんの「行動パターン」を落としどころにしてしまうと，それのみがメッセージとして伝わってしまいます。**道徳の教材はあくまで道徳的価値について考えを深めていく「きっかけ」になるものであって，そこに描かれている道徳的価値を教え込んでいくツールではありません。**ではこの場合，道徳的価値は何になるのでしょうか？　それは最高のパフォーマンスをするために，寝るまでの行動をマネージメント（長谷部さんなりの「節制」）しているということですね。

授業の進め方

　この授業のポイントは，長谷部さんの話をあくまでも一つの事例として扱うことです。たとえば，導入部では次のように問いかけてみます。

　「早く寝ないといけないのに，夜更しとかしちゃったりしない？」

　多くの子どもたちは，夜更しを経験したことがあるでしょう（私は毎日夜更しですが……）。明日のためにも早く寝たほうがいいのに，ゲームをやめられなかったり，インターネット動画を見ちゃったり，友だちと連絡を取ってしまったり，不安なことがあって寝られなかったり*。

　この活動が，自己を見つめる活動につながります。自分は普段どういった生活をしているんだろうと見つめ直すことが，この授業の出発点になります。

　ここで長谷部さんのエッセイを範読します。簡単に長谷部さんの人物紹介（プロサッカー選手であることや，海外のリーグで活躍していること，日本代表のキャプテンを長年務めていたことなど）をしてからエッセイに入っていったほうがいいでしょうね。このエッセイで押さえたいところは，行動パターンそのものではなく，**試合で最高のパフォーマンスを出すために寝るまでの行動をマネージメントしている**というところです。

　「プロの選手にとっては最高のパフォーマンスをすることって大切ですよ

ね。でも，みんなにとっても**毎日を充実して過ごすことって大事**なことなんじゃない？　長谷部さんの行動パターンを参考にしながら，次のことを考えてください」と言葉かけをしてから，この授業の中心的な問いに入ります。

> 毎日を充実した一日にするために，みんななら寝るまでの時間をどのようにマネージメントをしますか？　いくつ考えてもいいですよ。

　10分程度時間を取って，その後時間があれば全体で共有します。結構プライベートなことも関わってくるので，クラスの状況に応じて，共有は全体でするのか，ペアでするのか，グループでするのか考えてみてください。ただ，他者のマネージメントを知ることが多面的・多角的に捉える時間になります。また子どもたちが，自分をマネージメントする方法を考えることは，子どもたちがこれからの生き方について考えることにもつながってきます。実践者が自らのマネージメント方法を公開したり，「自分で考えたマネージメントに今夜挑戦してみてね」と宿題にしてもおもしろいかもしれません。

　授業の終末では，次のように話してみましょう。「今日は自分の生活をマネージメントする方法について考えましたが，それは，毎日を充実して過ごすという目的があるからです。**毎日を健康で幸せに過ごすためにできることは個人個人で変わってくる**かもしれませんが，そのために自分で考えたマネージメント方法を少しでも実践してみてくださいね」。

　長谷部さんのエッセイを一つの例にすることによって，長谷部さんの意見に左右されることなく，まずは自己を見つめることができ，主体的に「節度・節制」を実践する場面をつくり出すことが可能になってきます。さらにその過程において，これからの生き方についても考えることができます。

　メッセージ性の強い話は，いい話であるからこそ，逆に道徳的価値の伝達型（お説教）になりやすい側面を持っています。お説教にならず，子どもたちが考えることができるように工夫していきましょう。

＊「不安なこと」から，虐待案件が発見されるかもしれません。その際は管理職などに報告し，早急に対応してください。

07 絵本の教材化ではリスペクトを忘れずに

読者のみなさんは，絵本は好きでしょうか？　最近では道徳の教科書に絵本が取り入れられることも多くなり，教材として用いる機会も増えてきたのではないでしょうか。そこで今回は，絵本を用いた道徳の授業づくりを具体的にどう進めていけばいいのか，考えてみましょう。

教材：ヨシタケシンスケさく・伊藤亜紗そうだん『みえるとかみえないとか』(アリス館，2018)
対象学年：小学校高学年～中学校　内容項目：相互理解，寛容

絵本と道徳教育

　絵本の魅力は，なんといっても絵と文章がメッセージとなって読み手に訴えてくるところにあります。多賀一郎氏（2018）も示していますが，「絵の持つ力と言葉の力の融合が絵本の力となる」ところに最大の魅力があります。ですので，同じ文章であっても挿絵が異なると，その絵本に対するイメージは異なったものになりますね。

　教科書に採用された絵本は，教科書のページ数の関係から，どうしてもすべてを掲載することができません。絵は大幅にカットされていますし，絵本ならページをめくるという「間」があるところが，すべての文章が連続的に掲載されていたり，あるいは同じ絵本であっても，A社とB社では絵本の採用している箇所が違っていたりしている場合があります。いずれにせよ，オリジナルの絵本とはかなり異なった掲載のされ方がなされているのが現状です。

　絵本作家のかさいまり氏（作品：『あのね』，『あんなになかよしだったのに……』[いずれもひさかたチャイルド]）とお話したときのことです。かさいさんの作品を用いた道徳の授業を，かさいさんご自身が参観されたときのことを話してくださいました。なんと，「私の身体が切り刻まれている感覚に陥った」とおっしゃったのです。作品は作家と一心同体であるということ，その作品を場面に分けて解釈し，作品の全体性が失われてしまったこと，それを「切り刻まれている感覚」とたとえたのだと思います。

実際，作家さんは相当なこだわりを持って絵本を創っています。言葉の微妙なニュアンス，文字を配置する場所，改行するタイミング，発色（色使いも），タイトルなど，細部にわたって検討を重ねています。

　また，絵本は，もともとは子どもを対象としたもので，子どもがそれをどう解釈するかということを大前提に創作されています。絵本は子どものものなのです。大人が解釈し子どもへの啓蒙活動に用いるという目的のために，そもそも絵本が存在するわけではありません（すべてではないでしょうが）。

　とはいえ，やはり道徳の授業で絵本を使いたいですよね。その場合は，**できるだけ原作を用いるということ**，そして，時間の関係で授業中に原作を通し読みすることができないのであれば，あるいは，教科書教材になっていて内容に編集が加えられているのであれば，**授業外の時間を使って原作をまるごと読み聞かせするということ**，この2点を守っていくことが絵本と作家に対するリスペクトに繋がります。

絵本を用いた道徳授業における問いのつくり方

　子どものために描かれた絵本，子どもが好きで読んでいる絵本，その絵本に**教育的価値を見出して，考えさせる問いかけを加えてみる**，それが「**絵本の教材化**」を意味します。では，その教材化へのひと手間をどのように行っていけばいいのでしょうか？　『みえるとかみえないとか』（ヨシタケシンスケさく・伊藤亜紗そうだん　アリス館）を例に考えてみましょう。

対象学年：小学校中学年〜中学生

内容項目：相互理解，寛容

授業のねらい：「ふつうであること」と「ちがうこと」について，絵本における捉え方や児童・生徒自身が実体験においてどう捉えているのかを知ることを通じて，多様な他者との違いを積極的に認め，お互いの個性を尊重しながら関係性を築き，望ましい生き方を探究していく道徳的実践意欲と態度を養う。

この絵本は，宇宙飛行士である主人公が違う星に行った経験から，「ふつうであること」と「ちがうこと」について考えを巡らせるお話です。人間には目が二つあるのが「ふつう」ですが，ある星ではそれが「ふつうではない」。違う星では相手から気を遣われる存在になっているというところから話が進んでいきます。

　詳しくはぜひとも絵本を手にとっていただきたいのですが，絵本を教材化するに当たってまず必要なのは，**絵本を貫くメッセージと内容項目との一致**です。今回の場合は，「相互理解，寛容」が該当すると考えました。

　続いての作業は，そのメッセージを踏まえたうえで**大人としてどの部分を子どもたちに考えてほしいのか，その焦点化**です。私は，この絵本の最大のメッセージは絵本の最後のほう，「おなじところを　さがしながら　ちがうところを　おたがいに　おもしろがれば　いい」，それを「ちょっとずつれんしゅう」というところに描かれていると捉えました。

　私たちはどうしても自分と他者の同じところに安心して，違いに対しては排除しがちです。皆と違うという理由から「いじめ」も簡単に生じます。自分が所属するコミュニティにおいて自分が多数派であれば「同質性」を求め，差異を「排他的」に見ることは多々あります。ところが自分が違うコミュニティにいけば，自分がマイノリティになることには案外気づいていません。授業を通じて，**私たちがお互いに違いに対して関心を抱き関係性を築けるようになることが，この授業の焦点化であり，それが現れているのが先の引用の箇所である**といえます。

　さて，授業における焦点化ができれば，次は**導入からの流れと発問づくり**になります。授業の導入部では，自分を見つめる活動をすることが多いですが，子どもたち自身が「おなじ」と「ちがう」をどう捉えているのか確認していく必要があるでしょう。制服や髪型，肌の色，食の好みなどから「おなじ」と「ちがう」を連想させてもいいかもしれません。そこから，絵本の読み聞かせに入っていきます。絵本の感想などを共有した後に，次のような発問を考えました。

「おたがいにおもしろがる」ってどういう意味だろう？

　もちろんここでの「おもしろがる」は，「滑稽」という意味ではなく，興味・関心（interest）に基づくものです。つまり，違うことを排他的に捉えるのではなく，違うからこそその積極的な側面に意識を向け，その意義を理解するためにこの発問はあります。絵本の中にも随所にそのヒントが隠されています。できるだけ子どもたちが「おもしろがる」の解釈を**多面的・多角的に捉える**ことができるように工夫してみましょう。

　しかし，頭ではその意義を理解したとしても，なかなか行動に移すのは難しいかもしれません。絵本でも「ちょっとずつれんしゅう」と書いてあります。そこで，次のような発問（「**これからの生き方について考える活動**」）を準備して，子どもたちなりの練習方法を考えてもらいたいと思います。

「ちょっとずつれんしゅう」と書いてありますが，みんなならどんな練習をしますか？

　この発問からもおそらく多様な練習方法が出てくることが予想されます。簡単なものであればその場で子どもに実演してもらうのもいいですね。

　これからの多文化共生社会を現実のものにしていくためには，多様な個性に関心を寄せ，それを積極的に認めたうえで，どのようにすればお互いがよりよく生きていくことができるのか考えていく必要があります。

　繰り返しになりますが，絵本の教材化において大切なポイントは，まず絵本そのものが持っているメッセージと内容項目との一致を図ること，絵本において焦点化するところを決めること，その焦点化に応じた発問を作成すること，です。それと同時に，授業の実践に当たっては絵本と作家さんへのリスペクトを忘れないようにしましょう。

08 道徳科の発問とその特徴

 ここからしばらくは，発問について考えていきましょう。道徳の授業の良し悪しは，発問に左右されるともいえます。読者のみなさんが，目の前の子どもたちに合う発問を考える手助けになればと思います。

道徳科の発問

論者によって言い方や分類はさまざまですが，道徳科の発問は大きくは四つに分けられると思います。

それは「場面発問」，「中心発問」，「テーマ発問」，「補助発問」です。

道徳教科書が使用されるようになった今では，教科書や指導書に発問が提示されていますので，ゼロから授業者が考えないといけないわけではありませんが，どの発問がどういう意味を持っているのかについて知っておくことは必要だと思います。第9講では発問そのものについて考えていくとして，今回はそれぞれの発問の意味や，読み物教材を用いた際の中心発問のつくり方に焦点を当てて考えていきましょう。

場面発問とは

場面発問は基本発問と呼ばれることもありますが，これは読み物教材の登場人物の考え方や心情，振る舞いの理由などが現れている場面を確認していくために用いられる発問です。「○○と言ったとき，主人公はどのようなことを考えていたのでしょう」や，「○○をしたとき，主人公はどんな気持ちでしたか」などが該当します。場面発問をすることによって，子どもたちの教材解釈に共通理解をもたらすことが可能になってきます。また，子どもたちが中心発問を考えていく際に，必ず押さえておかなければならない鍵となる場面に焦点を当てることも可能になります。

ただし，気をつけないといけないのは，場面発問はあくまでも教材を解釈

するため，教材を理解するための発問であって，道徳的価値そのものを深く追究していく発問ではないということです。道徳的価値に迫っていくためには，そこに焦点を当てた発問が必要になってきます。それが中心発問と呼ばれるものです。

中心発問とは

　中心発問とは，授業中の発問の中で最も核となる発問を意味します。読み物教材で考えると，**その授業で扱っている道徳的価値に対する主人公の捉え方が大きく変化したところを考えさせる発問**が該当します。

　ここで読み物教材の特徴について簡単に触れておきますね。

　読み物教材の多くは，前半と後半で主人公の道徳的価値に対する考え方が異なるように描かれています。前半はこれまでの経験に基づいて特に問題なく過ごせている場面で，後半は何かしらのトラブルが生じてしまい，それまでの道徳的価値の捉え方ではうまくいかなくなるように描かれています。たとえば，前半は規則を何も気にせず遊んでいたけれど，そこで悲しむ友だちが出てきたりすることによって，後半は親切にすることや思いやること，規則などについて改めて主人公が考えるという物語などがありますね。前半と後半で主人公の道徳的価値に対する認識がどのように変わったのかを捉えさせるのが，中心発問の役割になってきます。ですので，中心発問はどちらかといえば「なぜ」「どうして」というオープンな問いの形を取ることが多くなります。

　中心発問には，たとえば次のようなものが考えられますね。

「なぜ主人公は○○という行為をしたのだろう？」

「主人公が発見したすごいことって何だろう？」

「なぜ○○さんは黙ったままでいるのだろう？」

「教材中の『…………』という言葉を聞いて，私はどんなことを思いましたか？」

　教師は授業準備をする際に，教材を読みながらどこの場面で道徳的価値に

対する認識が変わるのか，あるいは変わるきっかけになっている言葉やモノは何かということを明らかにする必要があります。ここから逆算して，前半部分で押さえておくべき場面（道徳的価値についての考え方が現れている箇所）や，変化のきっかけになった場面（誰かの発言や行為）などが，必ず押さえなければならない場面（場面発問）になります。要するに，場面発問で布石を打っておいて，中心発問に向かう，そんなイメージです。

このように，**中心発問は読み物教材から導かれる発問で，ねらいとしている道徳的価値に迫っていく発問**ということになります。ただし，この発問も基本的には教材から導かれるものですので，子どもたちはどうしても教材の話に引っ張られてしまって，多様な考え方が出てきにくい場合もあります。読み物教材は，あくまで道徳的価値について考えるためのきっかけを与えてくれるものであって，教材を理解することが目的ではありません。また，場面発問と中心発問だけの授業構成だと，「読み物教材の登場人物の心情理解に偏った指導」に陥りやすいとも言えます。教材の「読み取り道徳」になってしまうんですよね。そこで必要になってくるのが，「テーマ発問」です。

テーマ発問とは

中心発問や場面発問が教材から導かれる発問であるのに対して，テーマ発問とは，その授業で扱っているテーマや道徳的価値そのものについて考えるための発問です。場面発問などは特にそうですが，発問をすると，子どもたちはその答えを探して教科書を見てしまいます。ところがテーマ発問は自分で考えざるをえないですし，教材の具体的な場面から離れざるをえないので，教材から「読み取る」価値解釈ではなく，「自分は道徳的価値をどう捉えるか」「道徳的価値についてどう考えるか」という視点が生まれやすくなります。

具体的にテーマ発問を示すと，たとえば次のようなものが考えられますね。

発　問	
場面発問（基本発問） ・教材解釈を共通理解するための発問 ・教材理解のための発問であって道徳的価値を追究するものではない 例）「○○と言ったとき，主人公はどのようなことを考えていたのでしょう」	**中心発問** ・授業中の発問の中で最も核となる発問であり，ねらいとしている道徳的価値に迫っていく発問 ・オープンクエスチョンの形をとることが多い 例）「なぜ主人公は○○という行為をしたのだろう？」

場面発問・中心発問だけだと心情理解のみの指導に陥りやすい

テーマ発問 ・その授業で扱っているテーマや道徳的価値そのものについて考えるための発問 ・教材に答えは載っていない ・学習指導要領解説を参考にする 例）「『正しいこと』とは一体何だろう？」	**補助発問** ・子どもたちが考えている当たり前や常識に対して，改めて捉え直させる発問 ・批判的（クリティカル）に道徳的価値を捉えさせる 例）「他の場合でもそういえるの？」

・「正しいこと」とは一体何だろう？
・親切とありがた迷惑の間にはどのような違いがあるんだろう？
・いじめと遊びの境界線ってどこにあるんだろう？
・なぜ私たちは働くのだろう？

　このように，テーマ発問は，教材で考えたことを踏まえて，道徳的価値やその時間に扱ったテーマそのものについて考える発問であることがわかります。テーマ発問を設定するに当たっては，学習指導要領の『解説』を参考にすることがおすすめです。なぜならば，『解説』には道徳的価値そのものに

ついての考え方だけでなく，小学校低学年，中学年，高学年，そして中学校といった学年階梯に応じた捉え方が示してあるからです。まず最低限は『解説』に示してあることを教師自身が理解し，どういったテーマや道徳的価値で子どもたちと考えを深めていくのか把握しておく必要がありますよね。

補助発問とは

　補助発問については第10講できちんとお話をしますが，テーマ発問が道徳的価値そのものについて問うていくのに対して，補助発問は，子どもたちが考えていることに対して，「どうしてそう考えたの？」，「そもそもそう言えることなの？」，「他の場合でもそう言えるの？」など，さらに突っ込んでいく発問を指しています。子どもたちが考えている当たり前や常識に対して，改めて捉え直すことを目的として発せられる問いですね。いわば，子どもの思考を揺さぶることによって，批判的（クリティカル）に道徳的価値を捉えていくことを目指しています。ただ，補助発問は前もって準備できる場合と，教師の即興的な対応によって生み出される場合もありますので，それについては，第10講の話を参考にしてください。

時事問題の取り入れ方

　ニュースなどの報道を見ていると，「これは子どもたちと一緒に考えてみたい！」という話題に出会うことが度々ありますよね。たとえば，2020年5月，アメリカでアフリカ系アメリカ人のジョージ・フロイドさんが警察官に殺害された事件をきっかけに起こったBLM（Black Lives Matter）という運動は，人種差別について考える時事問題であるといえます（BLMについては2012年に発端があるという説もあります）。あるいは，2019年12月にアフガニスタンで亡くなった中村哲さんのニュースは私にとっても衝撃でした。中村さんはアフガニスタンで用水路をつくり，水と食料によって平和をもたらし，多くの人の命と生活を救ってきました。平和とは何かについて考えたり，国際支援，国際貢献とは何かについて考える契機を与えてくれます。また，この原稿を書いている2021年2月は，私が10年以上教育支援をしているミャンマーで軍事クーデターが生じ，人権と民主主義，平和が混沌とした状況になっています。この時事問題からは，公正な社会や人間の権利について学ぶことができます。

　このような時事問題を道徳の授業で取り上げる際には，これまで述べてきた重要事項に立ち返ることが必要です。それは，①どの内容項目に該当するのかということ，②自分との関連の中で考えることができること，③子どもたちがさまざまな角度から捉えることができること，④そもそもの情報の真偽を確認すること，の四つです。特に①～③は授業のねらいにも関係するところですから，単に授業者がこの情報（時事問題）を子どもたちに伝えたいというのではなく，それを通じて，子どもたちにどういったことを考えてもらいたいのか，議論してもらいたいのか，焦点化する必要があります。

　ついうっかりしてしまうのが④です。あるホームページの情報だけを鵜呑みにしてしまったら，それはもしかしたらフェイクニュースかもしれません。複数の情報源から判断して，確かな情報であることを確認することは必須です。フェイクニュースで子どもを誘導することだけはあってはなりません。

09 道徳授業における発問とは

発問ってどのような意味を持っているのでしょうか。今回は道徳科における発問と問いの違いについて考えた後に，児童・生徒が発問（問い）をより身近なものにしていくためのコツについて考えていきましょう。

教材：「ドラえもん」　対象学年：小学校中学年～中学校　内容項目：個性の伸長

発問とは何か

　授業をつくっていくに当たり，多くの先生がとても重要だと認識すると同時に，とても難しいと感じているのが「発問」です。国語科であれ社会科であれ，授業の大きな鍵を握っているのが発問です。特に中心発問（主発問）の良し悪しが授業の成否を左右することも言われています。

　では，発問とは何でしょうか？　一般的には「答えを知っている人が知らない人に対して発する問いのこと」を意味します。逆に知らない人が知っている人に対して発する問いのことを「質問」といいますよね。インタビューなんかがその最たる例です。

　発問とは，知識を確認していく一問一答型の発問であっても，子どもたちの前提知識や思考に揺さぶりをかけていく中心発問であっても，基本的には，教師が「答え」を知っていて，その「答え」へと児童・生徒を導いていくためになされる教育的な活動であると言えます。

　発問の大前提は，「答えを知っている教師が存在する」ということです。一般の教科においては確かにそう捉えることが可能です。答えを知っているからこそ，児童・生徒の思考を揺さぶることができますよね。しかし，道徳においては，この大前提がどの授業においても必ず成立するわけではありません。具体的に考えていきましょう。

道徳科における発問と問いの違い

　道徳の授業では，一般的に「場面発問」「中心発問」「テーマ発問」「補助発問」という四つの発問に類別されています（詳しくは第8講を参照）。

　たとえば，読み物教材において，「この場面で登場人物はどういった気持ちだったでしょう」という場面を読み取るための発問は，場面発問に該当します。教材の中に答えを推測できる箇所があるために，ある程度教師が答えを予想することが可能です。「そっと」とか「ぎくり」とか，そういった描写から心情を理解することができますよね（こういう発問をすると，児童・生徒は一斉に教科書や資料を眺めて，「答え」を探し始めるのでわかりやすいです）。

　ところが，この場面発問だけで授業が成立するわけではありません。誤解を恐れずに言えば，国語の授業と同じになってしまいます。道徳科の目標に従って，**道徳の授業の成立要件**をあげるとすると，

> ・道徳的諸価値の理解に基づいていること。
> ・自己を見つめること（「自我関与」，自己内対話）。
> ・多面的・多角的に物事を捉えること（多様なものの見方）。
> ・自分の生き方について考えること（将来への展望）。

になると思います。

　つまり，場面発問だけだと，この成立要件に合致しない場合が出てきます。2017年告示の学習指導要領『解説』で「登場人物の心情理解のみに偏った形式的な指導」にならないように釘をさしているのも，このためです。

　道徳科において大切にされる発問は，「児童・生徒が自分だったらどうするか？」，「自分以外の視点から見るとどう考えられるのか？」，「あの人はどう考えるんだろう？」，「これからどう生きていこうか？」という，まさに「答え」が多種多様である発問であるはずです。つまり，一方的に教師が答えを知っているわけではなく，むしろ，**教師の想像を超えたところに児童・**

生徒が導き出す答え（もはや答えというよりも「アイデア」や「想い」といったほうが適切かもしれません）があるのではないでしょうか。このような発問をすると，児童・生徒は上を向いたり眉をひそめたりして，教科書を見ることはありません。自分の頭で自分なりの「答え」を見つけ出していかないといけないからです。

　このような意味から，道徳科における発問は答えを知っているという意味での「発問」という用語ではなく，より広い意味で「問い」という言葉のほうが適切な場合もあるのではないでしょうか（本書では混乱をきたさないために発問という言葉でできるだけ統一しますが）。ここでいう「問い」とは，教師も答えを知らないし，児童・生徒も知らない，だからこそ，みんなでアイデアを出し合いながら考えていくという創造的な営みを意味しています（安斎，塩瀬2020）。

ドラえもんで考える「個性」とは

　ある中学校の道徳の授業で，ドラえもんの登場人物（のび太，スネ夫，ジャイアン，しずかちゃん，出来杉君）の性格を把握したうえで，この5人＋自分を含めた6人の班の座席を考える実践がありました。かなり斬新で，私も初めてこのような実践を見ましたが，生徒たちはとても熱心にキャラクターの性格を踏まえたうえで，班の座席を考えていました。以下において，この実践を踏まえて，新たな実践を考えてみようと思います。

資料：ドラえもん

対象学年：小学校中学年〜中学生

主題名：個性の伸長

授業のねらい：「ドラえもんの登場人物の性格ならびに自分の性格を捉え，その人物に適切な班の席を決めることを通じて，各登場人物の個性や特性を理解し，それを最大限活かそうとする道徳的判断力を育てる」

発問で見る！授業展開

　この授業では，のび太やしずかちゃんなど合計５名のキャラクターの性格や人間関係を確認するところから始まります。たとえば，のび太なら「おとなしくてのんびり屋」，スネ夫は「ずるくて目立ちたがり屋」など，児童・生徒が考えます。それと同時に，自分自身の性格もどんな性格か確認します。 続いて，以下のような発問（問い）をしてみましょう。

> 登場人物５名に自分自身を加えた６名で班の座席を考えます。どういう席の配置にすると学校生活がさらに充実したものになるだろう。

　まず個人で考える時間，その後グループでの共有の時間です。児童・生徒は，のび太とジャイアンは隣の席に配置するのはよくないとか，ジャイアンとスネ夫は離したほうがいいとか，私ならのび太（あるいはジャイアン）のサポートができるかもしれないけど，私もサポートしてほしいので隣は出来杉君がいい！など，いろいろと考えたうえで席の配置を考えるでしょう。

　この発問のポイントは，「自我関与」にあります。自分がドラえもんのメンバーの一員ならばどういった役割を担うことができるのか，外から眺めて考える場合よりも，もっとリアリティが出てきます。「登場人物５名の班の座席を考えましょう」という発問だと，俯瞰的に眺めることはできる一方で，自分自身がその場に関わるということは極端に少なくなってしまい，結果的に他人事の道徳になってしまう傾向があります。ドラえもんという児童・生徒たちにとって身近なアニメだからこそ，自分を投影しやすくなりますね。

　授業の最後は，自分の個性を活かすということと，他者の個性を活かすということは決して相反するものではないということ，他者との関わりの中でよさを発揮できることを教師が説話しても構いませんし，実践対象の学年に応じて，「他者との関係の中で個性を活かす」ということを再度児童・生徒に考えてもらってもいいでしょう。

10 子どもの思考を揺さぶる「補助発問」

今回は，子どもたちの思考を揺さぶる補助発問について考えてみましょう。きれいごとで終わりそうなとき，なかなか思考が深まらないときに効果を発揮します。補助発問が使えるようになると，授業がますます楽しくなりますよ。

教材：佐野洋子『100万回生きたねこ』(講談社，1977)
対象学年：小学校高学年〜中学校　内容項目：よりよく生きる喜び

子どもたちの本音が出てこない！

　道徳の授業をするに当たって，「子どもたちの本音がなかなか出てこない」という悩みを先生方からうかがうことが，少なからずあります。いわゆる「建前＝きれいごと」を子どもたちが言うだけで終わってしまうような授業に対する先生の切実な悩みです。

　本音が語られない授業にはいくつかの原因が考えられます。そもそも本音を語るだけの学級の雰囲気が整っていないのであれば，まずはそこから考えていく必要があるでしょう。学級経営と道徳の授業（道徳に限らず，すべての授業でもそうですね）は密接に関係しているので，**学級そのものが子どもたちにとっての「安心・安全な場」でなければ，子どもたちは自分（や仲間）を守るために本音を出すことはありません**。とりあえずは，一応そういった「安心・安全な場」としての学級が成立しているものとして話を進めていきますね。

　本音が出てこない別の要因として考えられるのは，一つ目に子どもたちは本音を出さずとも，建前で授業が乗り切れることをすでに学んでしまっているのかもしれないことがあげられます。いわゆる「思考停止」が生じてしまっているのかもしれません。二つ目に，道徳の授業はむしろ「本音を隠して建前で話さないとダメなんだ」という先入観を子どもたちが持ってしまっているのかもしれません（他の教科では「建前と本音」が話題にあがることな

んてほとんどないのに，道徳の授業はそういった意味でも大変ですよね）。

　ではどうすれば，子どもたちが本音で考えていることを引き出すことができるのでしょうか？

補助発問とは

　基本的に読み物教材は，主人公の心情の変化を中心に「いい話」が掲載されているので，そのまま読み進めていくだけだと子どもたちの中に葛藤などは生じにくい構成になっています。いわゆる「読み物の登場人物の心情理解のみに偏った形式的な指導」にそもそも陥りやすいつくりになっているのです。そこで必要になってくるのが，補助発問やテーマ発問です（発問については第8講を参照してください）。

　補助発問とは，**子どもたちのものの見方や考え方に対して，「本当にそうなの？」と常識や当たり前を改めて問い直す発問，そもそもを問い直すこと**を意味します。「切り返し発問」や「問い直し発問」など，言い方はさまざまですが，**要は子どもが思考停止しそうなときに頭を動かすきっかけになる問いだったり，「きれいごと」で終わりそうな子どもの思考に揺さぶりをかける問いと言えます。**中心発問に対する子どもの反応を予測して，そこに矛盾を見出してあらかじめ補助発問を考えておくこと，ならびに子どもたちが何気なく発言したことをさらに教師が突っ込んでいくことが大切です。クラスの意見が安易な形で一つにまとまってしまいそうなときにも，効果を発揮します。

　ただ，補助発問は，授業の中で子どもの発言に対して即興的に教師が発するものもあるので，なかなか事前に準備することは難しい点もあるかもしれません。しかし，第22講で扱っているモラルジレンマにおける問いは，補助発問の役割も担っていますので，それを参考にしながら子どもの発言に対する切り返し方の観点を予測しておくことは可能です。いずれにしても，どのポイントを子どもたちに考えてもらいたいか，それを事前に入念に準備しておくと，即興的な対応がしやすくなりますね。こういったことが子どもた

ちの思考停止を防ぎ，本音で考える道徳の授業に繋がってきます。

補助発問の視点をもって教材解釈してみよう

　ではここで，ある小学校の道徳の授業で実際にあった教師と子どもとのやりとりを基に，補助発問を考えてみましょう。教材には佐野洋子さんの名作，『100万回生きたねこ』が用いられました。

　本題に入る前に，少しこの絵本の解説をしますね。もう言わずとしれた名作中の名作で，初版は1977年です。40年以上もの間，世界中の幅広い世代に愛されている作品と言っていいでしょう。簡単なあらすじをいうと，100万回生き，100万回死んだねこが，最後の一生で白いねこに出会い，愛することを知り，自分の人生に満足し永遠の眠りにつくという話です。このお話，**主人公のねこが最後は死んでしまうのに幸せな一生だったという，一般的には不幸に扱われる死が幸福なものとして感じ取られるように描かれています。**この物語が内包する矛盾（死と幸福）が補助発問の視点になります。

> **対象学年**：小学校高学年
> **内容項目**：よりよく生きる喜び
> **授業のねらい**：100万回生きて，100万回死んだねこが，最後の一生は生き返らなかった理由を考える活動を通して，よりよく生きる意味について深く捉え，よりよく生きようとする道徳的実践意欲と態度を育てる。

　第7講でもお話したように，絵本は全文を読み聞かせしていきましょう。読み聞かせが終われば，簡単に内容の確認です。この際に，100万回生きて死んだときと，最後の一生の違うところを押さえておく必要があります。それは，生死を繰り返していたときは「誰かのねこ」であり，「誰も好きになれない」のに対して，最後の一生は自分の一生を送ることができたと同時に，自分も白いねこも子どもも愛するようになっていたという点です。

　ここを押さえたうえで，中心発問は次のようなものが考えられます。

> 100万回生きたねこが，最後は生き返らなかったのはなぜでしょう。

　子どもたちは，「幸せの意味がわかったから」，「好きなねこと一緒に死んだから」，「幸せな一生を送ることができたから」，「自分の人生を送れたから」というような意見を言いました。さあ，ここで補助発問の登場です。子どもたちの発言から，「幸せ」とか「満足」という言葉が出てきたら，下記のような揺さぶりをしてみましょう。

> 好きなねこと自分が死んだのに，どうして幸せな一生だったの？

　先ほども示したように，この物語はねこの死で終わっているのに，「ああよかったね」という読後感を抱かせる不思議な物語です。その矛盾をついてみるのです。子どもたちはむむっと悩みます！

補助発問のタイミングは突然に！

　すると，ある子どもが次のように発言しました。
　「ねこは自分の人生を，好きなねこと生ききったからです」
　おそらく，この子どもは無意識に「生きる」と「生ききる」という言葉を使い分けたのでしょう。ここがさらに突っ込んでいく補助発問のポイントになります。次のように切り返してみましょう。
　「生ききったからって言ってくれたけど，『生きる』と『生ききる』ってどう違うの？」
　「生ききる」という言葉には，自分の生を全うする，全力で生きるという意味が込められています。この補助発問によって，本時のねらいにある「よりよく生きる」意味を深く追究していくことが可能になってきますね。
　このように，補助発問には事前準備が可能なものと即興的に対応するものがあります。子どもたちに道徳的価値の理解を深めてもらうためにも，ぜひ取り入れてみてくださいね。

11 道徳授業における板書

 他の教科と違って，道徳の授業では板書したものを子どもたちがノートに写すということってほとんどないですよね。では，道徳の授業の板書にはどういう意味があるのでしょう？

道徳の板書は授業を構造化すること

　道徳の授業における板書は，子どもの思考の流れや考えを板書によって整理することです。つまり，**板書によって授業を構造化していくことである**と言えますね。そのためには，子どもの発言をただ残していくのではなく，**発言を結びつけたり，対比させたり，カテゴリーに分けたり，因果関係を明らかにしたりしていく必要があります。**

　読み物教材を扱う授業では，教科書に掲載してある**場面絵**を使うことも考えられますね。実は，場面絵は読み物教材で押さえておくべき場面を表現していることが多いので，場面絵を示すことで読み物の流れはほぼつかめるようになっていますし，場面発問を効果的に用いることもできます。

　構造化していくに当たっては，チョークの色使い，矢印の活用，線で囲んでのカテゴリー化などを意識するとやりやすくなります。ワークショップのファシリテーションでは，参加者の意見の「拡散と収束」を促していきますが，授業における板書もまさに，授業者が子どもたちの意見をどんどん引き出していきながら，それらの意見の相互のつながりや関連性を見出しつつ，話し合いの焦点化をしていくことが可能になってきます。要するに，話し合いの様子を板書に表していくことによって，話し合いが迷子にならないようにする役割も担っているのです。

　子どもたちの発言を構造化していくためには，事前の予測も必要です。どのようなことを子どもが考え発言するのか，前もって整理しておいたほうがいいでしょう。

どんな板書をする？

　板書に当たっては明確な「きまり」があるわけではありません。縦書きか横書きか，それはどちらでも構いません。書きやすいほうで書いてもらえたらと思います。下の図を参考に，どこに何を書くのかという自分なりのモデルを持っておいたほうがいいでしょうね。たとえば図1は，オーソドックスな授業の場合の板書例で，図2は賛成・反対などの意見の対立がある場合の板書例になります。これら以外にも複数の登場人物の考えが対立的に描かれている場合であれば，登場人物の考えをそれぞれまとめていく中で中心発問につないでいくことも考えられますね。登場人物の心情の移り変わりが中心発問に結びついていくことも多いので，心情曲線を板書に書き込んでいくのも一つの手です。

　授業が終わった際には，板書を写真に撮っておくと，自分の板書を客観的に見返すことが可能になります。教師自身の成長の記録にもなりますし，オススメです。ゆっくりと上手になっていきましょう。

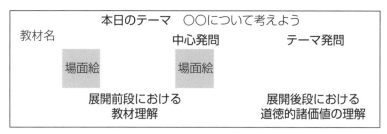

図1　板書の例（その1）

図2　板書の例（その2）

12 道徳ノート・ワークシートの役割と留意点

 道徳ノートやワークシートってどんな意味があるのでしょうか？ 単に子どもが書くだけ？ いやいや，もっとたくさんの意味を持たせることができますよ。

道徳ノート，ワークシートの役割

　一般的にノートやワークシートは，**児童・生徒が自分の考えを書く，アイデアを整理する，授業の記録を取る，練習問題を解く，復習をする際に用い**られます。この役割から考えると，道徳の授業においても，道徳ノートやワークシートを活用していくことは必須と言えるでしょう。現状においても，多くの学校では自分の考えを書いたり，授業のまとめを書くという活動において，道徳ノートやワークシートを使用していると思います。**ノートなどに書くという活動を入れることによって，子どもたちは自分の頭の中を整理で**きますし，また口頭での発表がやりやすくなります。また，グループなどでノートを交換して質問し合うという活動もやりやすくなります。

　一般的にはあまりなされていない「授業の記録を取る」ことも，私は必要だと思います。板書を丸写しする必要はない（そんな時間もない）ですが，**他人がどう考えていたのかなど，板書の要点や気に入った友だちの意見だけでも残しておいたほうが，後で振り返る（復習する）ときに役立ちます。**

　「練習問題を解く」というのは道徳の場合あまりピンとこないかもしれませんが，読み物教材で考えたことをベースに，「別の場合ならどうする？」ということを考えることは，ある意味「練習問題を解く」ことになっているかもしれませんよね。そういう授業展開があってもいいと思います。

　道徳ノートやワークシートにぜひ取り入れてほしいことがあります。それは**授業の最初に考えていること，思っていることを書き残しておくスペースを確保する**ことです。授業の導入部では，その時間に扱う内容項目について

のイメージなどを聞くことが多いかと思います。でも，ほとんどの場合この発言が残ることはありません。これを書き残しておくと，授業の前後で子どもの考えがどのように変化したのか，子ども自身も捉えやすくなります。

　加藤宣行氏は，道徳ノートに「つなぎ」という役目を入れています（加藤2019）。それは授業の前後をつなぐ，他教科とつなぐ，友だちと自分の意見をつなぐ，過去と未来の自分をつなぐ，価値観相互をつなぐという意味です。ノートに残しておくからこそ，さまざまな事象をつなぐことができますね。

　それから最後の振り返りを書くところですが，「今日の感想」などざっくりしたものよりも，「今日気づいたこと，新しく発見したこと，わからなかったこと，疑問に思ったこと」など，焦点を当てたほうがいいでしょう。

道徳ノート，ワークシートの落とし穴

　道徳ノートや教員が作成するワークシートなど，発問があらかじめ載っているものがありますね。これには注意が必要です。子どもが発問を書き写す手間を省くためにそうしているのは重々承知していますが，教師が発問する前に，子どもが黙々と自習するかのようにワークシートに書いていくのを何度も目撃しています。自分の考えだけではなく，他者との関わりの中で深めた考えを書いてほしいのに，それが妨げられてしまうんですね。ですので，できればワークシートには発問は載せないようにしておくほうが無難です。

「評価に活かすためのノート」という発想だけだと……

　道徳ノートやワークシートは，継続的に集めていくことによって子どもたちの変化を見取りやすくなります。子どもたちの変化とは，道徳的価値に対する認識の変化，日常生活に対する意識の変化などです。もちろん変化があまり見られない場合もありますよね。そういったものすべてが授業改善につながっていきますので，指導と評価の一体化が図られることになります（第1章第8講参照）。子どもへの評価（所見）に活かすだけではなく，授業評価に積極的に活かしていきましょう。

13 〈ペア学習・グループ学習〉
4つのコツで成功するペア学習・グループ学習

「主体的・対話的で深い学び」という授業改善の視点のうち，今回は特に「対話的」に焦点を当て，その授業方法としてよく取り上げられるペア学習やグループ学習について，どのようなコツが効果的な授業を生み出していくのかを考えてみましょう。

授業でペア・グループ学習が成立するために必要なこと

まず私たちが認識しなければならないことは，ペア・グループ学習が成り立つためには，その基盤に**他者の尊重，多様性への理解**や，**他者と学ぶ意味の理解が必要である**ということです。「一人で学んだほうがいい」，「人と関わるのなんてめんどうだ」，「どうして一緒に学ばないといけないの」と子どもたちが思っていては，この学習形態は成り立ってきませんよね。もちろん，多様性の尊重や他者と学ぶ意義は実践していくうちに徐々に子どもたちに身についていくものでもあるので，実践初日からすべての子どもたちが完全に理解しているわけではありません。しかし，だからこそ，ペア・グループ学習をする最初の段階で，まず子どもたちにその学習の意義を伝えておく必要があります。「やっているうちにわかるよ」というスタンスでは，時間がかかりすぎてしまいます。

ペア・グループ学習の一番の意義は，他者と協力することによって，**一人では到達できないところに達すること**，**新しい意味を創り出していくことが可能になること**です。私たちのあらゆる生活は，他者との協力のもとで成立しています。家族の関係もそうですし，職場だってそうです。スポーツの世界に目を向けても，それがたとえ陸上や柔道といった個人種目の競技であったとしても，成果をあげていくプロセスには実に多くの人が関係しています。人が生きていく際には，他者とともに活動していくことがとても大切なことであることを，まず子どもたちに説明する必要がありますね。

では，他者と協力していくためには何が必要になってくるのでしょう？

それが他者の尊重や多様性への理解です。自分の意見は主張するけど，他者の意見には耳を貸さないという状態では，他者と協力しているとはいえませんよね。自己主張することは大いに結構なのですが，他者の主張に対しても同様に寛大になっていくことが求められます。**お互いの意見や考え方を尊重するという態度が，本来の意見表明の姿である**といえるでしょう。そしてそれが，**対話の基盤**となってくるのです。そうでなければ，ペア・グループ学習は「声の大きな人」の独演会に陥ってしまいます。**自分の意見も他者の意見も尊重する，これってまさに道徳的な価値**ですね。

　子どもの権利条約*の四つの柱には「参加すること（意見表明権）」が含まれています。一部の大人は子どもが意見表明することを「わがまま」であると感じていますが，これまでの話からもわかるように，自己主張のみを意見表明とするのであれば，たしかにそれはわがままになってしまうかもしれません。本当の意味で意見表明を学ぶということは，自己主張だけではなく，他者の意見も同時に尊重するということがセットで含まれているのです。そしてそれこそが意見表明権を子どもたちが学ぶ真の意味になるのです。

　さて，他者を他者として認め，ペア・グループ学習を成立させていくために，ちょっとした工夫をしてもいいかもしれません。学級全体に次のような「お約束」を共有しておくことも大切なポイントになってきますね。

・人の意見に耳を傾けましょう。

・人が話をしているときは黙って聞きましょう。

・自分の意見を積極的に話しましょう。

・できるだけたくさんの人が話せるように工夫しましょう。

・その人の意見を批判しても，その人自身を否定・非難してはいけません**。

　こういった約束事が，そのまま学級の雰囲気や学級文化になっていくと，クラス全体が温かい雰囲気に満たされ，子どもたちが積極的に学びに取り組んでいけるようになります。

道徳の時間の役割は，「道徳の時間を要として学校の教育活動全体を通じて行うもの」とされていますが，まさに道徳以外の教科・活動でも求められる「お約束」ですね！

　ペア・グループ学習をすれば，どんな場合でも新しいアイデアが生まれてくるわけではないこと，むしろその学習を始めるに当たっての「下準備」が必要であることに，まず私たち教師が気づいておく必要があります。

ペア・グループ学習の進め方・四つのコツ

　さて，最後にペア・グループ学習の進め方のコツについて四つの点からお話しておきましょう。

　第一に，**個人で考える時間を確保すること**です。個人の考えが定まらないうちにペア・グループ学習を始めてしまうと，それこそすぐにアイデアを思いつく人の独壇場になってしまいます。そうなると，ペア・グループ学習という名のもとで独演会が正当化されてしまいます。2分間だけでもいいので，出されたテーマや問いについて自分はどう考えるのかまとめていく時間を確保すると，効果的な学習が展開される確率が高くなります。

　第二に，グループで活動する場合，ミニホワイトボードやA3程度の紙などに**発言内容を書き記しながら話し合いを進めていくということ**です。書記が書くなんてたいそうなことをせずに，グループのみんながそれぞれそこに書き込んでいく形で大丈夫です。話し言葉は流れていきます。どういう発言があったのか，どんな意図で話をしたのかなど，記憶の中だけではとても曖昧で，かつ消えていきます。記録に残すという意味でも書き記し，それを基に話ができるようになると，その場で出てきた話をつなぎ合わせて話ができるようになってきます。

　第三のコツとして，**グループを流動的にすること**です。ただでさえ同じクラスの子どもたち。いつも同じメンバー（班）で話し合いをしていたら，いくらなんでも飽きてきます。中心的に話をする子どもも固定的になってしま

いがちですよね。時々はグループメンバーをシャッフルすることで，新しいメンバーとの間で意見交換できるようにしてみましょう。

　最後のコツとして，**教師が「待つ」という姿勢を貫くこと**です。ペア・グループ学習をすると，どうしても話が脇道にそれてしまったり，ちょっとした雑談をすることも多々生じてきます。限られた時間の中で一定の結論を出さなければならない場合など，教師は雑談を見つけるやいなや，「このテーマで話をして！」と，すぐに本線に戻そうとしてしまいます。

　ちょっとだけ見守ってみましょう。

　私はこれまで10年以上に渡って多くのワークショップを開催してきましたが，ファシリテーターの介入が多いほど，参加者のやらされている感が強くなり，参加者の主体性を奪ってしまうことを学びました。

　道徳の授業においてペア・グループ学習を取り入れるということは，他者とともに生きていく基盤を養っていくということにつながります。たとえその授業時間に「立派な」結論が出なかったとしても，そのプロセスにおいて子どもたちは他者との関係性を築こうとし，**新しい価値を創造しようとしている**はずです。長期的な視点に立って，「待つ」という姿勢を保ってみてください。どうしても気になる場合は，「今，どんな話をしているの？」とひと言うだけで十分です。

＊**子どもの権利条約**　子どもの権利条約（児童の権利に関する条約）は1989年に国連総会で採択され，日本は1994年に批准しました。現在では196の国と地域で締約されています。子どもの権利条約は，子どもの基本的人権を国際的に保障するための条約で，54条から成り立っています。その内容は，大きく4つの柱，すなわち「生きる権利」「育つ権利」「守られる権利」「参加する権利」で構成されています。

＊＊本来，批判的（critical）とは，さまざまな角度から本当にそういえるのかどうか検証を加えていき，物事の本質に近づいていくことを意味します。創造的な探究活動なんですね。それは決して，相手の人格を否定したり非難したりすることではないのですが，どうしても私たちは批判を人格否定と感じてしまうことがあります。意見の相違を楽しんでいけるように，そして建設的な話し合いになるように，ペア・グループ学習のプロセスを注意深く見取る必要があります。

14 〈ワークショップ〉
子どもが熱心に取り組むワークショップ×道徳の授業

> 今回は私のもう一つの専門であるワークショップをベースにした道徳の授業づくりについて考えていきましょう。アクティブな道徳の授業，一見遊んでいるようで，実は深い学びが隠されていますよ。

ワークショップとは

　ワークショップという言葉が脚光を浴びてもうずいぶんと経ちました。すでに市民権を得た言葉のように感じています。とりわけここ数年は2017年の学習指導要領改訂の流れでアクティブ・ラーニングが良くも悪くも席巻したおかげで，ワークショップ的な学びのハードルが下がり，学校でも多数実践されるようになったのではないでしょうか。

　そもそも**ワークショップとは，黙って座って聞くだけの「座学」に対抗する教育手法として，参加者が実際に参加・体験し，他者とともに協働的な学びを実践していく中で学んでいこうとする手法です。**私自身は「一方的な講義形式ではなく，社会的存在としての自己が他者との関わりの中で，所与の目的を達成するために参加体験的な活動を通じて協働的・創造的にアプローチし，『生』を豊かにするプロセス」（荒木2016）と小難しく定義していますが，要するに，**ワークショップで学んだことを積極的に日常生活で活かしていこう**という意味で捉えています。

　ワークショップは，もともとは大人の学びの文脈で誕生しましたが，いまや，まちづくりや野外活動，アート，社会変革，そして学校教育の分野で広く用いられる手法となっています。もちろん道徳の授業においても十分効果的な役割を発揮します。

　では，このようなワークショップはどのように道徳の授業に活かせるのでしょうか。今回は「伝言絵ワークショップ」を例に考えてみましょう。

伝言絵ワークショップ

対象：小学校中学年～中学生

概要：伝言絵ワークショップとは，あるイラストを言葉とジェスチャーで伝え，それを聞き取って同じようなイラストをつくり上げるワークショップです。今回は対象を中学生にしていますが，小学生でも十分実施できます。

主題名：伝言絵ゲーム（相互理解，寛容）

授業のねらい：イラストを伝言で伝え，それを聞き取って絵にしていくという活動を通して，どのように伝えればよいのか，どのように聞くことが好ましいのかというコミュニケーションの相互作用について考え，これからのコミュニケーションに対する考えを深め，今後の行動に活かしていこうとする道徳的実践意欲と態度を育てる。

準備物：イラスト（インターネット上にあるフリーの素材など），イラストに描かれている色が入っているペン（グループ分），白色の紙（グループ分），タイマー

進め方（30分程度）：4名程度でグループをつくります。学校の場合は班ごとで大丈夫でしょう。そのグループを二つに分けます。片方のグループは絵を描く係，もう片方のグループは絵について口頭で伝える係です。

　制限時間内に絵を完成させるワークです。制限時間は10分から15分くらいがよいですが，イラストの難しさや進み具合を見て適宜延長しても構いません。イラストは教卓の中などに隠して，その場でしか見えないようにしておくのがよいでしょう。進め方を説明する際に，「カラーコピーのような複製を描いてください」というと，細かいところまで目が向くようになります。

　実施後は必ず振り返りを行います。

ルール：伝える役割の人は，何度見に行っても構いません。

描く役割の人がこっそりと見に行くのはダメです。

見に行った人が描いている人の紙の上で指でなぞるのはダメです（ジェスチャーは OK です）。

振り返りの問い（共有を含めて20分程度）：

問い：うまく伝わったところ，うまく伝わらなかったところはどういうところですか？

問い：お互いのコミュニケーションをうまくいくようにするためには，どういうところを工夫すればよいでしょうか？

　上記の問いについて考えた後に，以下について各グループでまとめるのも一案です。

指示：お互いに理解し合うために必要なこと３箇条をあげましょう。

　これをＡ３用紙にまとめるなどして，授業後に教室に掲示してはいかがでしょう。

ワークショップを用いる際の注意点：

　以上のように，ワークショップは実体験することを主とした活動ですが，**最も大切な点は「振り返り」（リフレクション）を行うところにあります。逆に言えば，振り返りのないワークショップは単なる体験活動であり，意図的に学びを深めていくことはできません。**ワークショップを用いる場合は，必ず振り返りを行い，参加者（ここでは児童・生徒）が自らの活動を意味づけていく必要があります。ワークショップが意図的な教育活動であるためには，**振り返り活動は必須のもの**となります。

　あと一つ注意点を挙げるとすれば，**実施者が喋りすぎない（余計な口出しをしない）**ことです。一般的に教師と呼ばれる人々は教えることが大好きなので（だから teach する人，teacher なんですよね），黙って見守ることが実は苦手だったりします。子どもたちが自ら動いて自ら気づくことが最も重要なことですので，アドバイスしたいところもグッと我慢。**子どもたちのやる気を煽っていくファシリテーター（促していく・**

促進していく，facilitate する人，facilitator）の役割に終始してほしいと思います。

ワークショップと道徳の授業

　こういった体験活動を中心とした道徳の授業は，毛嫌いされることもあるかもしれません。もしかしたら読み物道徳を推進する方々からは，「そんなのは道徳じゃない！」って邪道扱いされるかもしれません。

　でも，大丈夫です。この実践も道徳の授業になります。これは断言できます。それはなぜか？　道徳の授業が道徳の授業として成立するためには，その授業において，①道徳的諸価値への理解に基づいて，②自己を見つめること，③多面的，多角的に物事を捉えること，④これからの生き方について考えること，という四つが含まれているからです（道徳科の目標）。

　この活動では「相互理解，寛容」という道徳的価値に焦点を当てていますし，最後の振り返りにおいて，自分や他人のコミュニケーションのとり方について意味づけを行っています。そして，最終的にどのようなコミュニケーションをこれからやっていくのが望ましいかについてまとめています。ワークショップ型の授業であっても，意味づけを意図的にファシリテーターが実施することで，道徳の授業に位置づけることができます。

　多様性を認めること，それがこれからの世界において必要とされることです。そうであるならば，道徳性を育てるという目的に合致していれば，その教育方法は多様であってしかるべきであり，目の前の子どもたちの実態に合わせて教育方法を多様に考えていくことは教師として当然の行為です。読み物道徳にあまり関心を示さない（あるいはずっと座っていることが苦手な）子どもたちも，もしかしたらワークショップ型の道徳の授業には熱心に取り組むかもしれません。ただし，教科書の使用義務はありますので，教科書の内容を補うという意味でぜひ実践していただければと思います。

15　道徳科における ICT 活用

いよいよ本格的に ICT が学校教育の中に入ってきました。
道徳の授業ではどのように活用していくことができるのでしょうか。

一人一台の情報端末の時代

2020年の新型コロナウイルス感染拡大を受けて，2023年の実現を目指していた GIGA スクール構想は早期実現を図ることになり，2021年度中にすべての子どもに情報端末が行き渡ることになりました。一人一台の情報端末を有効活用することで，子どもたち一人ひとりの可能性を引き出す「個別最適な学び」と「協働的な学び」の実現をねらうことが中教審答申でも表されています（中央教育審議会2021）。

道徳科において，果たして「個別最適な学び」が適切であるのかについてはさらに議論が必要でしょうが（というか，「知識を蓄えていく」という学習観だけでは道徳の学びは捉えられないところもありますが），少なくとも道徳科の授業においても情報端末を有効利用することは考えていく必要があると思っています。教科学習においては，「調べる」，「まとめる」，「共有する」，「振り返る」という場面で ICT が活用されることが多いでしょう。以下において，文部科学省が提示した道徳の授業における ICT 活用事例を紹介した後に，道徳に関する調べ学習の充実，他の学校との交流，これまでは教具として用いていた心情バロメーターなどを情報端末に用いること，そしてオンライン授業（同期型）になった場合について考えていこうと思います。

文部科学省の提案

文部科学省は2020年 9 月に「特別の教科道徳の指導における ICT の活用について」を公表しています。そこでは道徳科の学習活動，つまり「道徳的

価値を多面的・多角的に考える」学習活動と,「道徳的価値の理解を自分自身との関わりの中で深める」学習活動において,ICTを活用していく事例を示しています。たとえば,子どもたちが自分の考えを情報端末に書き込んだ後に,それをアプリを使うなどして他者と共有し,実際に議論をするなどの用い方を紹介しています。教科学習では,たとえば「ロイロノート」という共有アプリが用いられることが多いですが,全員が書いたものを一斉に前の画面に映すなどして考えを共有することは可能になってきますね。

　また道徳科の評価においても,子どもたちの学習活動を見取ることが大切になってきますので,上記の子どもたちの書き込みを保存しながら,子どもたちが学びを振り返り,自分の成長を改めて見つめることも可能になってきます。情報端末を用いたポートフォリオ評価ですね。OPPA（1枚ポートフォリオ評価）の取り組みもやりやすくなってくるのではないでしょうか（OPPAについては第31講を参照）。

道徳に関する調べ学習の充実

　道徳の学習活動においても,私はもっと調べ学習などを取り込んでもいいと思っています。子どもの生活経験を学びに生かしていくことは大切ですが,生活経験だけでは知り得ない世界に子どもたちを導いていくことも学校教育の大きな役割です。たとえば第5講で扱った偉人のエピソード学習などにおいては,調べ学習を用いることができます。学校や地域を探索し,「ここが素敵！」「ここが問題！」といった写真を撮って共有し,そこからよりよい学校づくりや地域づくりを考えることもできますね。

　調べ学習は道徳ではない,という方もいるかもしれませんが,無知は偏見や差別を生み出します。無知から逃れるためには,さまざまな角度から新しく知る以外に道はありません。新しい知を使ってさらに道徳的価値について深く考える,そのためのツールにICTはなりうるでしょう。

他の学校との交流授業

　これまでの授業は教室空間で行われるものでした。ICT を用いることによって，他の学校の子どもたちと交流することが可能になってきます。クラスの中の話し合いにこだわる必要はなくなりますよね。遠い地域の子どもたち（海外もあり！）と共通のテーマで話し合うことができるのも，ICT ならではの長所かもしれません。住んでいる地域が違う，文化も違う，方言（言葉）も違う，そういう違いを肌で感じながら，同じテーマで一緒に話し合いができるのは，オンラインの強みです。

　ただ，気をつけてほしいのは，初対面の子ども同士で，いきなりオンライン上での話し合いはできません。これについては後述します。

これまで使っていた教具の代替として

　これまでの道徳授業では，心情を表すスケール（ものさし）や図１のような心情メーター（ハートや円グラフで表す）が使われることがありました。これを情報端末を用いて行うこともできます。

図１　心情メーター

　また図２に示したような一つの線上の左に賛成，右に反対の画面や座標軸を描いた画面を共有して，子ども自身はどのレベルで考えているのか，ネームプレートを置いたりすることも可能です。これまでは黒板に移動し，そこにネームプレートを貼ってもらうという作業でしたが，端末上で行うことができますね。

　あるいは，グループ活動をしている際に，思考ツール（たとえばベン図やクラゲチャートなど）をグループで共有して，

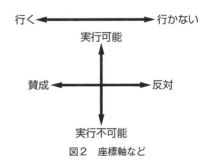

図２　座標軸など

みんなで書き込んでいくといった作業もできますね。ミニホワイトボードを用いていた作業を，情報端末で行うことができます。

オンライン道徳授業（リアルタイム型）

　上記のように情報端末を駆使することで，オンラインでも道徳の授業をすることは可能になってくるでしょう。ただ，それはリアルタイム（同期型）が前提と考えています。道徳の目標にもあるように，「自立した人間として他者とよりよく生きるための基盤となる道徳性を養う」とありますから，他者とやりとりが不要な中でのオンデマンド配信型（非同期型）の道徳の授業では，「他者とよりよく生きる」という実感が乏しいものになってしまいます。

　さて，先にも述べましたが，オンライン上で話し合いをする際，もうすでに人間関係ができ上がっている場合は比較的スムーズに話し合いには入れますが，年度の最初など人間関係がつくれていない場合は，必ずアイスブレイクが必要です。子どもたちが自宅から授業を受けている場合などは，「自分のお気に入りを持ってきてください」という指示をした後に，それを使って自己紹介をするなど，遊び心を入れてみましょう。お気に入りを紹介するなんて，学校ではなかなかできないアイスブレイクですよね。

　チャット機能を使うことによって，全体に向けては発言しにくい子どもの声を引き出すこともできます。こういった機能はどんどん活用しましょう。

今後の流れ

　法整備を要しますが，今後デジタル教科書も大きく変わってくるでしょう。教材を開いたらBGMが流れてきたり，調べ学習に役立つリンク集が準備されていたり，あるいは自分が考えたことや作品などを全国の小中学生と共有できたり，困りごとの相談窓口のリンクがあったり，可能性が広がります。

　以上，いろいろと書いてきましたが，ICTにはICTのよさがありますし，アナログにはアナログのよさがあります。場面に応じて使い分けていただければと思います。ICTを用いることが授業の目的ではありませんから。

16 「はしのうえのおおかみ」の授業づくり
（小学校低学年）

> 教材分析をしながら，発問づくりを具体的にしてみましょう。
> ここに示すのはあくまで一例ですし，他のおもしろい授業展
> 開があれば教えてくださいね。

はしのうえのおおかみ—あらすじ—

　山の中に一本橋がありました。うさぎが渡っていると向こうからおおかみが渡ってきて，「俺が渡っているんだ，もどれもどれ」と怒鳴りました。うさぎが仕方なく戻ると，おおかみは「えへん，へん」と気持ちよく言います。おおかみはこの意地悪が大好きで，他の動物にもしていました。ある日おおかみがいつものように橋を渡っていると，くまにぶつかりました。おおかみがあわててお辞儀をして「私が後ろに下がります」というと，くまは「そんなことしなくていいよ」と言ってそっと抱き上げて後ろにおろしてくれました。おおかみはくまの後ろ姿をいつまでも見送っていました。次の日おおかみは橋の上でうさぎに会いました。うさぎが慌てて引き返そうとすると，おおかみが「そんなことしなくていいよ」といって，うさぎを抱き上げて後ろに下ろしてあげました。「えへん，へん」。オオカミは前よりずっといい気持ちになりました。

授業のねらい：おおかみの気持ちの変化について話し合ったり，おおかみの役割演技をすることを通して，身近な人に親切に振る舞ったり思いやりの心で接しようとする道徳的心情を育てる。

「親切，思いやり」について考える教材

　言わずと知れた定番中の定番教材，「はしのうえのおおかみ」です。意地悪をすることに楽しさや喜びを感じていたおおかみが，くまの優しさに触れることで他人に親切にする喜びを感じる教材です。

　多くの書籍で中心発問として取り上げられているのが，次のような発問です。

> 最初の「えへん，へん」と言ったときと，最後の「えへん，へん」
> と言ったときのおおかみの気持ちを比べてみよう。

あるいは，

> 最初の「えへん，へん」と言ったときと，最後の「えへん，へん」
> と言ったときのおおかみは同じおおかみだろうか？

　なぜ，この発問が中心発問になるのでしょうか？　第8講での発問の特徴と合わせながら考えてみましょう。

中心発問のつくり方

　読み物教材の多くは，前半と後半で主人公の道徳的価値に対する認識が変化することをすでに説明しました。「はしのうえのおおかみ」もそうですよね。おおかみは最初はうさぎなどに意地悪をすることが楽しくて仕方なかったのが，くまに親切にしてもらうことで，誰かに親切にする喜びを感じるようになります。まさに他者に親切にする喜びを子どもたちに感じ取ってもらうことが，この教材から導かれるねらいになります。

　前半と後半のおおかみの気持ちの違いが最も表れているのが，「えへん，へん」という言葉です。ですので，多くの書籍などではこの二つを比較させることで，おおかみの気持ちの違いを子どもたちに捉えさせようとしているんです。たとえば「同じおおかみだろうか」という問いに対して，子どもたちは「見た目は同じだけど中身が違う」，「最後のおおかみは優しくすることを知ったおおかみ」，「いじわるおおかみが親切おおかみに変わった」というような意見を言うでしょう。**「相手の身になって考えること」，「思いやりをもって相手と接すること」，という親切を意味するキーワードが子どもから出てきたら，嬉しいですね。**

　このような認識の変化に気づいたならば，体験的な学びを交えるのも一つの手です。子どもたちに前半の「えへん，へん」と後半の「えへん，へん」

をそれぞれ演じてもらってもおもしろいですよね。前半の「えへん，へん」が他人を見下すような表現になって，後半の「えへん，へん」は優しさがにじみ出るような，そんな表現になると思います。

　では，この中心発問に至る前に，場面として押さえておくべき箇所はどこになるのでしょう？

中心発問を導いてくれる場面発問

　「はしのうえのおおかみ」の前半と後半において，おおかみの変化のきっかけになったのは，くまの行為です。**おおかみを抱きかかえて後ろに下ろすという場面が契機になって，おおかみに変化が生じます。**ということは，この場面は押さえておくべき場面になりますね。

　よく実践されているのが，教師がくまの役，子どもがおおかみ役になって，抱っこしてそっと後ろに下ろすという役割演技（ロールプレイ）です。ただ，これには注意が必要で，子どもたちはおおかみの気持ちを理解することよりも，教師に抱っこしてほしいという楽しみが勝ってしまうんですよね。おおかみの気持ちを理解するというよりも，自分自身が抱っこしてもらって嬉しかったという感想を抱きがちです。ですので，たとえばくまに「どけどけ！」と言われるかもしれないとおおかみ役の子どもに想像させてから，抱きかかえるなどすると，よりおおかみの気持ちを理解しやすくなるかもしれません。

　それからもう一つ，この場面で押さえておきたい箇所があります。それはおおかみがくまを見送っているシーンです。実際にどんなことをおおかみが考えているのかは教科書には載っていませんが，想像することはできます。そこで，見送っているおおかみの頭の中のつぶやきを実際に声に出して演技してもらってもいいでしょう。発問は次のようなものになります。

　おおかみはくまを見送りながら，どんなことをつぶやいたでしょう？

という場面発問をすることで，おおかみの考え方を言語化することができま

す。これも，子どもたちに演じてもらうといいかもしれませんね。

終末の扱い

　この授業は，どう終わっていけばいいのでしょうか。一つの考え方は，この物語の先を考えてもらう方法です。くまがおおかみに親切にしたことで，おおかみが親切になってうさぎに優しくした。じゃあ，うさぎはどう変わっていくだろう？　とか，他の動物はどう変わっていくだろう？　とか，対象とする範囲を広げて考えていくことで，**親切の連鎖について考えていくこと**ができます。

　もう一つは，子どもの生活に戻して考える方法です。誰かに親切にして喜んでもらえたことってある？　相手の身になってしてあげたことってある？と聞いてみるのはどうでしょうか。「妹が泣いていたのでなぐさめてあげた」とか，「友だちが鉛筆忘れたので貸してあげた」，「お母さんの肩をもんであげた」など，日常生活での子どもたちの行為を思い出すかもしれません。自分を見つめる活動にもつながります。子どもたちがすでに行っている行為が親切や思いやりの行動なんだということに改めて気づくということも大切です。

低学年の授業のポイント

　道徳性の発達の観点から見ると，**低学年の子どもは親や教師といった目上の人のいうことが道徳判断の規準になります**。要するに，「先生がダメって言っているからダメ」という考え方です。「○ちゃんが△してた！」という告げ口が多いのもこれに関係しています。ですので，低学年の場合は教材に示してある善悪の規準などを理解しながら，しっかりと身につけていく時期であるといえます。授業では子どもと一緒に善悪の理由を考えながら，子どもが規範意識を身につけていけるようにしましょう。

17 「雨のバス停留所で」の授業づくり
（小学校中学年）

今回は小学校の定番教材になっている「雨のバス停留所で」を用いた道徳の授業づくりについて考えていきましょう。

雨のバス停留所で―あらすじ―

　ある雨の日，母親といっしょに外出をする主人公のよし子さん。バス停ではバスを待つ人たちがタバコ屋の軒下で雨宿りをしています。遠くにバスの姿が見えたので，よし子さんは駆け出してバス停の先頭に並びました。バスが停車し，よし子さんが乗り込もうとしたときに，お母さんがよし子さんの肩を強い力でぐいと引きました。そして何も言わずに，お母さんが並んだところまで連れていきました。お母さんはとても怖い顔をしています。バスに乗り込むとすでに席は空いていません。お母さんは黙ったまま外を見ています。そんなお母さんの横顔を見て，よし子さんは自分のしたことを考え始めました。

「規則の尊重」で取り上げられる教材

　この教材は，きまりやマナーを大切にするという内容項目を扱うときに取り上げられます。定番教材なので，実に多くの指導案がインターネット上にも掲載されていますので，よろしければ検索してみてください。かつて文部科学省が提示した『「私たちの道徳」活用のための指導資料』では，どのような発問が設定されているのでしょうか。

　よし子さんの思いを中心に考える発問として，次のような発問が提示されています。「知らぬふりをして窓の外を見ているお母さんの横顔を見ながら，よし子はどのようなことを思ったか」。そして，「身の回りのきまりはなぜあるのでしょう」ということを子どもたちに考えさせていきます。あるいは，黙ったまま外を眺めている母親の気持ちを推し量る発問も提示されています。「お母さんは，どのようなことを考えながら窓の外をじっと見つめているの

か」という発問がこれに該当します。

　よし子さんはどのようなことを考えていたのかなという発問に対して，多くの子どもたちは次のような反応をします。

　「周りの人のことを考えずに一人だけ前に行ったから，おかあさんは怒っているんだな」

　「他の並んでいた人たちに悪いことをしたな」

　こういった発言を受けて，きまりを守ることが大切であるということを落としどころに，授業は終わりを迎えます。順番を守っていないよし子さんの行動を考えることで，きまりを守ることの大切さを教えていくという流れになっています。

　あるとき，知り合いの先生が「もし晴れたバス停留所だったら，よし子さんは同じことをしたのか」とつぶやきました。そうですよね。もし晴れていたらみんな来た順番で並んでいるかもしれませんし，そうであればよし子さんもいきなり先頭に割り込んで並んだりはしなかったはずです。

　果たしてこの教材で描かれているよし子さんは，そこまで「悪い子」なのでしょうか？　私には決してそうは見えません。同じ大人として，ひと言も発せず黙って外を眺めている母親のほうがむしろ気になります。

　私のこの疑問に見事に答えてくれたのが，鳥取の小学校教諭の木原一彰先生の実践でした。木原先生が4年生を対象に行った授業実践を基に，この教材の新しい展開を考えていきましょう。

よし子さんはそもそもルールを破ったの？

　木原先生の授業も「なぜ，お母さんは黙ったまま，窓の外をじっと見つめているのでしょう」という問いが準備されているところまでは同じです。子どもたちもこれについて考えを巡らせます。

　「いろいろ言いたいけれど，なぜ無視をしているのかその理由を考えさせたいから」

　「一人で振り返って考えてもらうため」

という意見や，

「バスの中で説教すると他のお客さんに迷惑だから」

という意見も出てきました。

　しかし，ここからの展開が違いました。木原先生は，次のように子どもたちに問いかけました。

> よし子さんは，ルールを守ってないの？　みんな軒下にいただけでしょ。そもそもこの場面で明確なルールってあったの？　雨の日のバス停にルールがないなら，よし子さんはルールを破ってないよ。

　子どもたちはハッと気づきます。続けて，次のように木原先生は問いかけました。

> この場面ではどんなきまりがあればいいのだろう。必要なきまりとその理由を考えてみよう。

「規則やルールはすでにあるものなので，無条件に従わなければならない」という価値観からの脱却をねらって，どのようなルールが必要になってくるのかということを，クリエイティブに考える授業になりました。

　子どもたちはいろいろなアイデアを出してきました。おじいさんやおばあさんを優先するアイデア，雨の日でも並べるように屋根をつければいいというアイデア，来た人からカード（番号札）を取っていくというアイデア，タバコ屋に許可をもらって雨の日はタバコ屋の軒下に並ぶところをつくるアイデアなど，実に興味深い意見がたくさん出てきました。

　最終的に，きまりをつくるときにどこに着眼したのかということを確認していきます。つまり，高齢者や子どもたちに優先順位をつけるのか，早く来た人順にするのか，環境改善に着目するのか，それによって規則のつくり方が変わってきます。

　ある子どもが発言しました。「きまりってトラブルがなくなるようにするために必要なんだな」。

規則を守ると気持ちがいいという心情主義的な捉え方ではなく，無用なトラブルから自分たちを守るために規則があることに，小学4年生が気づいたのは大きいと思います。

お母さんの姿

　この授業では，木原先生の子どもへの個別対応の中で，お母さんの姿が話題にあがっていました。何も言わずに母親の気持ちをよし子さんに推測させる母親の行為そのものへの疑問です。明らかに物語中の母親は「空気を読むこと」を強要しています。

　この空気を読むという文化は，日本においてはとても顕著であると言えます。たとえば，私たちがコミュニケーションをする際には，「ハイコンテクスト文化」と「ローコンテクスト文化」という二つのコミュニケーションが存在するといわれています。ハイコンテクストとは言語のみでなく，言外の意味や含みをもたせた表現などを理解することによってコミュニケーションが成立することを意味しており（特に，文脈依存度の高い日本語がそうですね），逆にローコンテクストは言語情報をつぶさに伝えることによってコミュニケーションが成り立つことを意味しています。どちらのコミュニケーションが優れているというわけではないですが，今後，異なる文化的背景を持つ子どもたちが増えていくことが予想される中では「すべて言わなくても相手はわかってくれる」というコミュニケーションから少しずつ脱却していくことも必要になってくるのではないでしょうか。多文化共生社会を生きていくためには，できるだけ言葉にして伝えていく，つまり「対話すること」の大切さも子どもたちと考えていきたいと思います。

18 「銀のしょく台」の授業づくり
（小学校高学年）

定番教材に少し違ったアレンジをしてみませんか？　今回は体験的な学びを取り入れることによって，道徳的価値の理解がより深まることについて考えていきましょう。

体験的な学びを道徳の授業に取り入れる

最近，道徳の授業に体験活動を組み入れる授業が増えてきました。これまでも小学校の低学年では実践されることが比較的多かったのですが，徐々に小学校高学年や中学校でも体験活動を取り入れることを見聞することが増えてきました。たとえば，『解説』（小学校）では，次のような記述が見られます。

> 動作化，役割演技など表現活動の工夫
> 児童が表現する活動の方法としては，発表したり書いたりすることのほかに，**児童に特定の役割を与えて即興的に演技する役割演技の工夫，動きや言葉を模倣して理解を深める動作化の工夫**，音楽，所作，その場に応じた身のこなし，表情などで自分の考えを表現する工夫などがよく試みられる。また，**実際の場面の追体験や道徳的行為**などをしてみることも方法として考えられる。
> （太字は筆者）

実際にやってみるとわかるのですが，役割演技などで行為をしてみると，それはかなりのリアリティをもってきます。頭の中で考えていることが，実際の行為としてはなかなか表現できないこと，実際にやってみることでその行為のよさや難しさなどが理解しやすくなります。要は，**より深く道徳的価値について学ぶこと**が可能になってくるのです。

そこで今回は，京都の小学校教諭の藤原由香里先生が実践した演劇的手法を用いた体験的な道徳授業（小学６年生対象）を基に考えてみましょう。実

際の学習指導案は第1章第6講に載っています。

> **教材**：「銀のしょく台」（相互理解，寛容）
> **授業のねらい**：ミリエル司教の行いやジャン・バルジャンの心情について話し合う活動を通して，相手を許すことの難しさや素晴らしさに気づき，他者の過ちや失敗を広い心で受け止めようとする道徳的心情を育てる。
> **あらすじ**：罪を犯し投獄されていたジャン・バルジャン（主人公）が釈放された。しかし，みすぼらしい彼に食事を与えたり，泊めてくれる場所はない。空腹のジャンはミリエル司教の元を訪れ，そこで食事と寝る場所を提供してもらう。それにもかかわらず，ジャンは夜に銀の食器を盗んで出ていってしまった。翌日憲兵に連れてこられたジャンに対し，司教は「それはあなたにあげたものです。どうして銀の燭台も持っていかなかったのですか」と語る。

　いわずと知れた定番教材の「銀のしょく台」です。定番といわれるだけあって，書籍にもインターネット上にも多くの学習指導案が掲載されています。文字数の関係で実践すべてを載せることはできませんが，導入部で，状況理解のために教師がジャン・バルジャン役・司教役として場面を演じたり（ティーチャー・イン・ロール），盗まれたことがわかったときの司教の気持ちを推察するなど，各場面での登場人物の心情を役割演技などを用いながら丁寧に押さえる実践をされています（渡辺，藤原2020）。

　今回取り上げるのは二つの場面です。一つ目の場面は，最後の場面でミリエル司教が燭台を差し出すところです。**教師が司教役になって子どもにジャンの心の声を発表してもらいます。**その際の発問が，以下のものになります。

> **発問1**　司教に「さあ，あなたに差し上げた燭台をお持ちなさい」と言われたときに，ジャン・バルジャンは心の中でどのようなことを考えていましたか（ジャンの心の声を実際に言ってみる）。

もう一つの場面が，最後の場面，**子どもがジャン役と司教役の二人一組に
なり，燭台を渡した後に司教が何をジャンに伝えたのか演じてもらうところ
です**（ジャン役は黙ったまま）。その際の発問が以下になります。

> **発問2　燭台を差し出した後，司教はどのような声をかけたのでしょうか。**

　発問2の役割演技に先立って，まず下記の中心発問に対する自分の考えを
子どもたちはワークシートに書き込んでいきます。

> **中心発問　盗んだことを許すだけでもよかったのに，なぜ銀の燭台
> まで手渡したのだろう。**

　つまり，即興的に演技をさせるのではなく，司教の立場になって考えさせ
たうえで，その考えを実際に行為してみるという順番にしています。この発
問のみでももちろん道徳の授業は成立しますが，この発問について考えた後
に，実際に燭台を渡すという行為，ならびにそこでどういう声をかけるのか
という行為をすることで，司教役の子どもから発せられる言葉はより重みを
増します。

　ジャン・バルジャンとミリエル司教の役を双方やってみることで，子ども
は多様な心の声や実際の声かけや振る舞いがあることに気づきます。いわば，
「多面的・多角的に物事を考える」ことに繋がってきます。

　さて，授業を終えるに当たり，「人を許す」という本時のテーマについて
考えていくことも，大切なポイントです。振り返りは「司教への手紙」とい
う形で，便箋風のワークシートを用意してみましょう。

司教さんへ
あなたのしたことを，私は（　　　　　　　　　　　）と感じます。
もし自分なら（　　　　　　　　　　　　　　　　）。
人の罪を許すことは（　　　　　）だ。なぜなら（　　　　　　　　　）。

　子どもは物語中の司教の想いや役割が体験を通じてわかったからこそ，そ

の司教と自分を対比させて深く考えることができるようになります。単にこの物語を読むだけであれば、「立派な司教」という感想で終わるかもしれませんが、司教の振る舞いの素晴らしさ、気高さと共に振る舞いの難しさをリアルに感じ取ったからこそ、単に「立派な司教」という感想に留まらない、「自我関与」を踏まえた考えが子どもの中に芽生えてきます。

体験的な学習の重要ポイント

　何より大切なことは、体験活動（役割演技など）をすることが道徳授業の目的ではないということです。あくまで目的は道徳的価値を深く理解すること、子どもが道徳的価値の理解に基づいて自分なりの価値観を形成していくこと、それによって道徳性を育んでいくことにあります。**体験的な学習は道徳的価値への理解を実感を伴って深めていくために行われるものなのです。**

　そのためには、体験活動だけで終わらないということが大切になります。学校教育の場面では道徳に限らずさまざまな体験的な学習がありますが、それが「学び」になるためには、**体験したことを意味づける「振り返り」**（reflection）が必要とされます。やってみたことにはどういう意味があるのだろうか、これまで学んだことと結びつくところはないだろうかなど、**結びつけて意味づける**ことがあってこそ、体験が学びになります。体験が学びになる過程は**「体験の経験化」**と呼ばれることもありますが、体験を授業に取り入れる際には、体験が意味ある学びとなるように工夫する必要があります。

　それから、体験的な学習を取り入れるに当たっては、こういった活動に子どもが慣れていることも大事なポイントになります。普段の授業でやっていないのに、突然道徳の授業で役割演技が出てきても、子どもはびっくりしますよね。普段から体験的な学習ができる学級集団づくりが大切です。

19 「ロレンゾの友だち」の授業づくり
（小学校高学年）

有名な教材ですが，なかなかうまく扱うのも難しい教材，それが「ロレンゾの友だち」だと思います。どこに焦点を当てて考えていけばいいのでしょう。

ロレンゾの友だち―あらすじ―

　幼馴染のロレンゾから，明後日故郷に戻ってくるという連絡があった。その一方でロレンゾがお金を持ち逃げして警察に追われているという情報も入ってきた。ロレンゾの幼馴染であるアンドレ，サバイユ，ニコライはにわかには信じられない。約束の日，3人は待ち合わせ場所の樫の木に行くが，ロレンゾはやってこなかった。もし夜中にロレンゾが家にやってきたならば，アンドレはお金を渡して逃してやるという。それに対して，サバイユは自首をすすめるが，ロレンゾが拒否したなら逃してやるという。ニコライもサバイユと同様に自首をすすめたうえで，もし拒否したら警察に知らせるという。翌朝，警察から連絡があり，誤認逮捕されたロレンゾが出てきた。4人は再会を祝って町の酒場に向かったが，樫の木の下で話したことは伝えなかった。もしロレンゾが本当に罪を犯してやってきたならば，友人としてどうすべきだったのだろうか。

授業のねらい：ロレンゾに対する3人の友人の考え方の違いと共通点を捉える学習活動を通じて，友だちの存在を受け入れることやお互いの幸せを願うようになる道徳的実践意欲と態度を育てる。

この教材の一般的な進め方

　内容項目の「友情，信頼」を扱った定番の読み物教材ですが，一般的な読み物のつくりとは異なっています。前半と後半で主人公の道徳的価値に対する認識の変化が描かれているわけではありませんね。その代わりに，3人の登場人物のそれぞれの考え方が示されています。というわけで，この教材では一般的には次のような発問が考えられていることが多いです。

> アンドレ，サバイユ，ニコライのそれぞれの考え方の中で，あなた
> 自身の考えに最も近いものはどれですか？　その理由は何ですか？

　これはこれで，子どもたちの議論は盛り上がります。それぞれの立場から子どもたちは選んだ理由を語り始めます。この発問で授業の大半を使ってから「本当の友情とは何か」について考えてもいいのですが，実はそこまで深まっていかない場合が多いです。それに加えて，罪を犯した人をかくまうことへの美しさを強化してしまうことも考えられます。「友情，信頼」という道徳的価値を深めていく点から，別の方法（参考：令和2年度版光村図書『道徳6　きみがいちばんひかるとき』）を考えてみたいと思います。

3人の登場人物の思いの共通点は

　そもそも，アンドレ，サバイユ，ニコライのそれぞれは，ロレンゾに対してどのように考えていたのでしょうか？　ロレンゾのことを昔からの友だち，幼馴染である事実は共通していることに加えて，友だちであること，仲間であると考えていることも共通しています。要は，自分の友だちであるからこそ，どうすべきなのかというところで意見が割れてしまうんですね。つまり，**それぞれの友情観が異なる**んです。そこはまず押さえたいポイントになってきます。

　ですので，先に取り上げた問いはほどほどにして，次のように発問してみましょう。

> アンドレ，サバイユ，ニコライの3人に共通するロレンゾへの思い
> はどのようなものでしょう。

　この問いによって，3人ともロレンゾを本当の友だちであると思っていることをまずは確認しましょう。それを踏まえたうえで，次の中心発問です。

> なぜ3人は樫の木の下で話し合っていたことを，ロレンゾに伝えな
> かったのだろう？

　物語では，結果的にロレンゾは無実でした。つまり3人とも，不確かな情報を基に仲間であるロレンゾを犯罪者と認識し，犯罪者としてのロレンゾにどう向き合うのかを考えていたんですね。その恥ずかしさから，ロレンゾに伝えなかったことが考えられます。つまり，**ロレンゾを信じきれていないことを3人は恥じて，彼に話し合ったことを伝えることができなかった**と考えることができるかと思います。

　ただ，ここで授業が終わってしまうと，道徳教材の「読み取り道徳」になってしまいます。友情という価値をもう少し深めて考えたいですよね。

友だちを信じることってどうして大切なの？

　この教材から学ぶことは，**不確かな情報を信じてしまい，友だちを信じきることができなかった**ということです。

　ここまでくると，子どもたちの日常生活にも結びついてきます。噂を信じて友だちを信じなくなってしまったことなど子どもたちにも結構あるかもしれません。そこで最後の問いです。

> なぜ友だちを信じきることが大切なのだろう？

　それはその友だちの全存在を受け入れることにも繋がりますし，その友だちの幸せを願うことに繋がります。お互いが相手の存在を受け入れるといった相互受容がある学級集団，お互いの幸せを考える人間関係って素敵ですよね。「友だちとは」をとことん詰めていくことによって，友だちについての捉え方がより深まるはずです。

　でも，高学年は人間関係が微妙になってくる時期でもあるので，「大人」としての教師が自身の失敗談（友だちを信じきれなかった話など）を語ることも大切ですし，友だちと親友の違いについての問いを投げかけてみるのも

いいかもしれません。小学校という狭い人間関係の中で，至高の友だち関係を求めるのは，得策ではありません。

中学年，高学年の授業のポイント

　小学校中学年は自己中心的な考え方から徐々に抜け出してきて，仲間集団の中でどう振る舞うかということを考え始めます。道徳性の発達では「よい子志向」と言われる段階で，集団の中で「いい人」になることが正しいことの判断基準になります。「ギャングエイジ」と呼ばれることが多く，公園でドッチボールや鬼ごっこをしているのは大体この年代ですね。また他人との比較の中で自分を捉えるので，劣等感にさいなまれることも増えてきます。ですので，授業では集団を意識した授業づくりをするといいかもしれません。よい集団とはどういうことなのか，自分たちの希望する学級はどんな姿であるのか，それを意識づけていくことが可能になってきます。

　高学年くらいになると法や社会といった広い世界から物事を捉えることができる子どもも出てきますが，まだまだ少数です。道徳性の発達から見ると，基本的には中学年時とそこまで変わるわけではありませんが，集団の中での自分の役割についてはかなり理解してきている時期でもあります。したがって，思考を揺さぶる意味でも，身近な集団よりもより広い社会や法といった視点から物事を捉えるきっかけを発問などを通じて投げかけていくのがいいでしょう。

20 「二通の手紙」の授業づくり

（中学校）

通常とは異なった視点から教材分析してみると，さらに子どもたちと共に考えることができる道徳の教材に変わっていきます。他の道徳の教材と絡めてみると，意外におもしろい展開になるかもしれませんよ。

二通の手紙―あらすじ―

　動物園の入園係をしていた元さん。勤勉な働きぶりも評価され，定年後も動物園で臨時職員として働くことになっていた。ある日，入園終了時刻が過ぎてから幼い姉弟がやってきた。入園時刻を過ぎていること，さらに規則では保護者と同伴でないと入園できないことになっているが，元さんは事情を察して二人を入園させてしまう。ところが，閉園時刻を過ぎても姉弟は戻ってこない。園内の職員総出で二人の捜索が始まった。二人は遊んでいるところを無事に発見され，事なきを得た。数日後，姉弟の母親から謝罪と非常に感謝している旨の手紙が元さんに届く。一方，上司からは今回の件を受けて懲戒処分（停職）の文書を受け取る。元さんは「この年になって初めて考えさせられることばかりです。この二通の手紙のおかげですよ。また，新たな出発ができそうです。本当にお世話になりました」と語り，退職した。

「遵法精神，公徳心」で取り上げられる教材

　「二通の手紙」は中学校での定番教材ですので，非常に有名です。たとえば2015年の雑誌『道徳教育』7月号（明治図書）でもこの資料は取り上げられており，そこでは「元さんは，二通の手紙を並べて，何を考えたのだろうか」という中心発問が提示されています。また，私が先日うかがった中学校では，「『この年になって初めて考えさせられること』とは何か？」という中心発問が提示されました。このような授業展開は王道ですので，私も異を唱える気はまったくありませんが，今回は少し違った視点から問いを考えてみましょう。

というのも，私が見た授業では生徒の反応に次のようなものがあったからです。

　「いいことをすると気持ちがいいので，規則を破ったとしてもそれはそれでいいんじゃないだろうか」

　「最後に『晴れ晴れとした顔で身の回りを片付け始めた』ってあるし，規則を守らなくて退職になっても後悔していないのでいいと思う」

　このような反応が返ってきたら，みなさんはどう反応するでしょうか？

　この教材は，一般的には**「遵法精神」**という内容項目を学ぶために準備された教材ですので，規則がなぜあるのか，規則によって何が守られているのかということについて学んでほしいのであれば，このように生徒に反応されてしまうと教師は正直なところ困ってしまうのではないでしょうか。

　でも，私たちは生徒を責めることはできません。なぜならば，このような思考を生み出すように「仕組んで」しまったのは，私たち大人だからです。「よいことをすると気持ちがいい」とは道徳でもよく言われていた（言われている？）フレーズです（『わたしたちの道徳』小学校1・2年，32ページ）が，先の生徒の発言はこのフレーズに見事に合致しています。

　「よいことをすると気持ちがいい」という趣旨の発言は，「結果的に気持ちよく終われるのであれば，それはいいことである」という思考スタイルを生み出したのかもしれません。気持ちがいいという心情のみが判断の基準になってしまっていて，それに至ったプロセスが無視され，結果的に思考停止してしまっているのではないでしょうか。

　となると，ここから抜け出していくための授業を考えていく必要があります。今回は二つのパターンを提示します。教材の範読から，先に取り上げた中心発問（「元さんは，二通の手紙を並べて，何を考えたのだろうか」など）をするまでの流れは同じです。

パターン1：他の教材との関連を考えてみる

　法や規則を破ることが描かれた教材は，実はたくさんあります。そしてそ

の多くは，「破ってはいけない」という遵法精神のメッセージを伝えるものになっています。ところが規則を破るという決断が，「英断」とされる教材もあります。その最たる例がユダヤ人を救った杉原千畝でしょう。

　彼はユダヤ人を虐殺から守るために，日本政府の許可無くビザを発給しました。彼は帰国した後に，外務省から辞職勧告の処分を下されてしまいます。「二通の手紙」と同様，「規則を破ったことによって職を失う」という大きな流れは同じですが，「二通の手紙」は「遵法精神」を主題とし，杉原千畝の物語は「公正な社会」を主題としている点が大きく異なっています。

　この両者の違いは一体何でしょうか？

　これこそが生徒に考えさせたいポイントになります。杉原千畝の話を生徒が知っていることが前提となりますが，次のような問いが考えられます。

> 杉原千畝さんと元さんはともに『規則を破る』という行いをしましたが，杉原千畝さんは英雄として描かれています。この二人の違いはどこにあるのでしょうか？

　これを考えていく際に，一つの指標になるのが「権利や生命」でしょう。杉原千畝さんはユダヤ人の権利や生命を守るために規則を破りましたが，元さんの場合は，逆に姉弟の生命を危険にさらしてしまったことが考えられます。法や規則がなぜできあがってきたのかという理由について，人間の権利と生命を守るというより広い視点から考える契機を与えてくれます。

パターン2：手紙を書いてみる

　この教材のタイトルは「二通の手紙」になっています。一つが母親からの手紙，もう一通が上司からの懲戒処分の文書を指しています。でも，厳密には行政文書と手紙は異なるものです。そこで，本当に「二通の手紙」にするために，次のような問いを考えました。

> 上司がこの文書に元さん宛の手紙を添えるとしたら，どんな手紙になるのでしょう。

　停職処分は事実として存在します。ただ，元さんの行為が姉弟の置かれた状況を汲んでの行為ということも上司は知っています。上司が感じたであろう葛藤を手紙として表現させることで，規則を守るということと他者を思いやるということを生徒は考えることができるのではないでしょうか。

教材がもつ課題

　中学生用に準備された教材は，比較的長文のものが多いです。今回取り上げた「二通の手紙」も範読するだけで10分程度はかかってしまいます。わずか50分しかない授業時間の中で，読むだけで１／５も費やしてしまうのはあまりにもったいないですよね。比較的長い読み物教材の場合は，宿題として読んできてもらうか，あるいは朝の HR の時間などを使って読むなどして，**道徳の授業時間は生徒が考える時間をできるだけ確保したい**ものです。

　あと，やや斜めからみた教材解釈かもしれませんが，遵法精神がテーマの教材として元さんの行為を改めて考えると，腑に落ちないところもあります。法や規則に厳密に従うのであれば，元さんが取るべき行為は，停職処分を受け入れるか異議申し立てをするかということになります（これについては群馬大学の山崎さんが指摘しています）。実際になされた処分以上の「罪」を背負って退職するという結末の描かれ方*は，「何かしらの悪いことをやってしまったならば，辞めるしかない」という隠れたメッセージを子どもたちに伝えてしまわないでしょうか。責任を背負って自死に至るという悲しい報道も，私にはこの延長線上にあると思えてなりません。

*原作では「懲戒解雇」だったため，辞めても筋は通っていました。

21 「言葉の向こうに」の授業づくり
（中学校）

情報社会が進むにつれて，情報モラル教育がますます必要になってきています。子どもたちがネット社会の被害者にならないためにも，情報モラル教育を充実させて，ネット社会と正しく上手に付き合っていってほしいですね。

情報モラルと道徳教育

　情報モラル教育は，今や当たり前のものになってきました。2008年に学習指導要領に登場して以降，同年の「教育振興基本計画」でも情報モラル教育は取り上げられています。また，2017年告示の学習指導要領の総則では「情報活用能力（情報モラルを含む）」が教科横断的に捉えられ，特に道徳科においてその指導の充実がねらわれています。

　情報モラルとは，「情報社会で適正な活動を行うための基になる考え方と態度」と学習指導要領で示されています。要するに，情報を受け取り発信していくことが私たちには求められるので，自他の権利を尊重しながら情報社会のルールやマナーを守っていくことを学校の教育活動全体の中で扱っていこうというのが情報モラルであるといえます。情報モラル教育は二つの領域と五つの分野（「心を磨く領域」：「情報社会の倫理」「法の理解と遵守」の二分野と「知恵を磨く領域」：「安全への知恵」「情報セキュリティ」の

情報社会の倫理	法の理解と遵守
情報に関する自他の権利を尊重して責任ある行動を取る態度。	情報社会におけるルールやマナー，法律があることを理解し，それらを守ろうとする態度。

心を磨く領域

公共的なネットワーク社会の構築
情報社会の一員として公共的な意識を持ち，適切な判断や行動を取る態度。

知恵を磨く領域

情報社会の危険から身を守り，危険を予測し，被害を予防する知識や態度。	生活の中で必要となる情報セキュリティの基本的な考え方，情報セキュリティを確保するための対策・対応についての知識。
安全への知恵	情報セキュリティ

〈情報モラル教育の内容〉国立教育政策研究所2011を基に筆者が再作成

二分野と双方にまたがる分野としての「公共的なネットワーク社会の構築」）に緩やかに分けられていますが（国立教育政策研究所2011），とりわけ道徳科においては，「情報社会の倫理，法の理解と遵守といった内容を中心に取り扱うことが考えられる」（『解説』2017）とされています。つまり，**道徳科では「心を磨く領域」を主な対象としていることがわかります**。道徳科が学校の教育活動全体の要になるという本来の役目からすれば，情報モラルをすべての教科で横断的に扱ったうえで，道徳科で統合的に扱ったほうがいいような気が個人的にはしますけどね。

　では，「心を磨く領域」とは具体的には何を指しているのでしょう。それは**「情報に関する自他の権利を尊重して責任ある行動を取る態度」**であり，**「情報社会におけるルールやマナー，法律があることを理解し，それらを守ろうとする態度」**であるとされています。道徳科では具体的な情報端末の扱い方やインターネットの操作を扱うわけではなさそうです。

　道徳科の授業では具体的にどのように取り上げていけばいいのでしょうか。

「言葉の向こうに」を扱った授業展開

　情報モラルを扱った教材は各教科書会社から出ていますが，最も一般的な教材である「言葉の向こうに」を今回は取り上げたいと思います。

言葉の向こうに（相互理解，寛容）―あらすじ―

　私は海外のサッカーチームでプレーするＡ選手のファン。そのＡ選手が決勝戦でゴールを決めて試合に勝ったことを深夜のネットサイトで確認した。私もすぐに「おめでとう」と書き込む。そこではＡ選手に関する関連動画がアップされ，いろんな人とつながっているという嬉しさを感じた。翌日，Ａ選手の優勝をもっと味わいたいとネットサイトに向かうと，そこにはＡ選手に対する批判があり，私は苛立ち，それに対する反論を書き込んでしまう。ところが，「Ａ選手に対する悪口を無視できない人はこのサイトに来ないでほしい」と意見される。「中傷する人と同じレベルで争わないで，挑発に乗らないで」という意見に納得いかなかったが，「匿名だからこそ，あなたが書いた言葉の向こうにいる人々の顔を思い浮か

べてみて」という書き込みに私ははっとしてしまう。他人とコミュニケーションしていると思っていた私は「すごいこと発見しちゃった」ことに気づいた。

授業のねらい：主人公がネット掲示板でのやり取りをする中で気づいたことや考えたことは何かを捉えることを通して，自分の考えや意見を相手に伝えつつ，お互いの立場を尊重し，さまざまな見方があることを受け入れようとする道徳的実践意欲と態度を育てる。

インターネット掲示板（ファンサイト）への書き込みを巡るトラブルに対して，主人公がネット上でのコミュニケーションのあり方に気づいていくという読み物教材です。相手がわからない，顔の見えない相手だからこそ，受け取り手のことを意識したコミュニケーションが大切であることに主人公が気づいていく様子が表現されています。

教材分析をしてみましょう。前半から中盤にかけて主人公はネット掲示板への書き込みをする中でだんだんと批判と反論がエスカレートしていく様子が描かれています。ネット上での他者に対する理解がまだ乏しい段階です。終盤において，自分が書いた言葉の先には同じ人間がいることに気づきます。インターネット上であろうがなかろうが，「相互に理解する」ことの大切さに主人公が気づきますので，一般的には次の発問が中心発問になります。

主人公が発見した「すごいこと」とは何だろう？

この発問によって，異なる考え方があることや，言葉だけにとらわれないこと，自分の振る舞いを見直すことなどに子どもたちは気づいていきます。コミュニケーションにおいて大切な「相互理解，寛容」という内容項目を多面的・多角的に捉えていくことが大切です。

自分ごととして捉えていくために

通常の授業であれば，「日常生活で同じような経験をしたことはありませんか」とか，「日常生活でどのように活かしていく？」と投げかけるなどし

て終わっていくのですが，それだと自分ごととして捉えにくいかもしれません。そこで，中心発問で子どもたちが考えたことを踏まえて「ネット上のコミュニケーション３カ条」を編み出してもらうのはどうでしょう。

　グループでアイデアを出し合えばそれほど時間もかかりませんし，難しくないと思います。「送信ボタンを押す前に，もう一度読み返す」「相手を想像する」「相手がどう受け止めるか考える」など，子どもの言葉で学んだことをまとめることができますし，何より「自分たちへの３カ条」を考えることができます。こういった視点が，**情報社会におけるルールやマナーを守ることや責任ある行動を取る**といった「**心を磨く領域**」にもつながってきます。出てきたアイデアをクラスの掲示板に貼るなどしたら，日常的にも目につきやすく，記憶に残りやすいですね。

情報社会を上手に生き抜くために

　先の教材は，インターネット掲示板におけるトラブルを描いたものですが，これ以外にも，SNS におけるいじめ，違法サイトへのアクセス，個人情報の流出，デジタルタトゥー，詐欺メール，ネット依存，スマホの使いすぎによる生活習慣の乱れなど，子どもたちが情報社会とうまく付き合っていくためには，知らなければならないこと，気をつけなければならないことはたくさんあります。子どものストレスがネットに向けられることも多々あります。

　Society5.0が訪れようとしている今，インターネットなしの生活は考えられません。子どもたちも一人一台の情報端末を持ち，学びを進めていきます。正しい使い方を知らないがゆえに，トラブルに巻き込まれてしまうこともありますし，自分がトラブルを誘発してしまう可能性もあります。**被害者にもなり，加害者にもなってしまう**んですね。情報社会の光の部分だけではなく，影の部分も知ることによって，子どもが情報端末を正しく上手に使いこなせるようにしていくこと，そして，**子どもが困ったとき，トラブルに巻き込まれたときには身近な大人が相談窓口になる**ことが大切です。情報モラル教育は「困ったらすぐに相談してね」という大人の姿勢が何より重要です。

22 現代的課題にも対応可能な モラルジレンマ授業

「考え，議論する道徳」という学習方法が提示されて以降，モラルジレンマ授業に関心が集まっています。頭の中がモヤモヤする「考えること」と自分の考えを表現する「議論すること」が見事にミックスされているからでしょう。

モラルジレンマ授業とは

　モラルジレンマ授業については，すでにいろいろなところで紹介されています（荒木2017）。アメリカの道徳心理学者・コールバーグ（L. Kohlberg）によって発案されたこの手法は，日本の道徳性発達研究会（現在は日本道徳性発達実践学会）によって30年以上前から改良がなされ，教育現場で用いられるようになりました。

　モラルジレンマの大きな特徴は，物語（実話もあります）において**二つの道徳的価値が対立するように描かれていること**です（「おやつを食べたいけど痩せたい」というような欲求の対立ではありません）。「生命と法」，あるいは「友情と正直」，「自己実現と他者への信頼」，中には「一人の生命と多数の生命」で描かれているものもあります。この対立が，私たちに認知的不均衡（要は，どっちつかずでスッキリとしないモヤモヤした状態）を生み出します。同時に私たちはこういったバランスの取れていないモヤモヤした状態は嫌なので，なんとかバランスが取れるように考えようとします。この**不均衡から均衡へという頭の中の状態が，成長であり発達である**といえます。

　ですので，モラルジレンマの授業では，なぜそのように考えるのかという，子どもたちの判断理由づけが最も重要視されます。**判断理由づけをなんとかして筋の通ったものにしていこうとすること**が，子どもの道徳性の発達に大きく関わっていくからです。

モラルジレンマ資料における発問

「なんとかして筋の通ったものにしていく」と先ほど書きましたが，ここをいかに教師が揺さぶっていくか，それが授業中の「発問」の大きな役割になってきます。モラルジレンマ授業を展開する際には，一般的には以下のような発問を準備します。

---
1. 役割取得を促していく発問
2. 行為の結果を類推する発問
3. 認知的不均衡を促す発問
4. 道徳的判断を求める発問

これらの発問は，モラルジレンマに限らず，他の教材においても活用していくことができる発問でもあります。一つずつ見ていきましょう。

1. 役割取得を促していく発問

役割取得とは，簡単に言えば，他者の立場に立って物事を考えてみるということです。物語の中には様々な登場人物がいます。「Ａさんの立場であればこう考えるけど，それを知ったＢさんはどう考えるだろう？」というような発問で，さまざまな立場から物事を捉えていけるように促します。基本的には主人公のＡさん，それと最も関係のあるＢさんという二者において役割取得を促していきますが，学年が上がっていけば（たとえば，小学校高学年以上であれば），物語中にはメインとして登場しない人物の視点を考えさせてもおもしろいかもしれません。「それを知った周りの人はどう考えるだろう？」などは，これに該当します。

大切なことは，さまざまな立場の人の考え方や主義・主張を想像することで，「こっちを立てればあっちが立たず」の状態をつくり出していくことです。それがモヤモヤした不均衡な状況を生み出していきます。

2．行為の結果を類推する発問

　行為の結果，つまり登場人物がその判断に基づいた行為をしたならば，その結果としてどんなことが生じるのか想像させていく発問です。「もし，〜したならば，どうなるだろう？」という形が一般的な発問になります。たとえば「もし，そのことを正直に友だちに話したら，どうなるだろう？」，「もし，みんなが同じ行動を取り始めてしまったら，どうなるだろう？」などが該当します。この発問は先程の「1.役割取得を促していく発問」と併せて使うことも可能です。たとえば，「もし，彼を選手交代させなかったら，周りのチームメイトはどのように考えるだろう？」という発問は，前半で行為の結果を，後半で役割取得を促す発問のつくりになっています。

3．認知的不均衡を促す発問

　「認知的不均衡」という点ではすべての発問に通じるのですが，とりわけこの発問は，子どもの主張とはあえて逆の立場のことを教師が発問したり，あるいはそもそもどういうことなのかということについて問いかけたりするものです。たとえば，「いついかなるときでもきまりは守らなければならないの？」，「親切にするってみんな言っているけど，そもそも親切ってどういうことを言っているの？」などは，子どもたちの「常識や当たり前」に対して働きかけていく発問になります。

4．道徳的判断を求める発問

　これはモラルジレンマに特有の発問になります。「主人公はどうするべきですか」という発問がこれに該当します。「〜したほうがいいですか？」というやんわりした聞き方ではなく，「どうするべきですか」と強く聞いているのにはわけがあるのですが，簡単に言ってしまえば，主人公の判断がいついかなるときでも一貫性を持つような納得できる強い判断になることを求めているからなんです。この場合はこうするというような状況に依存したものではなく，道徳の原理を子どもたちが見つけ出していこうとするような，そ

んな意図が「〜すべきですか」には込められています。

モラルジレンマ教材を扱う際のコツ

さて，以上のような発問で子どもたちの思考に揺さぶりをかけていくわけですが，子どもたちもなんとかしてスッキリとしたいので，どちらかを選ぶという二者択一ではなく「第三の道」を探し始めます。つまり，どちらの道徳的価値も活かしていくような，そんなアイデアを考え始めます。

でも，これには要注意。現実生活の中ではどちらの価値も活かしていくような，そんな考え方が重宝されますが，道徳科の授業では「道徳的諸価値の理解を基に」という目標にもあるように，**徹底的に道徳的価値に向き合っていく必要があります**。この道徳的価値にはどういう意味があるのだろう？そんなことを考え抜いていくことに意味があるのであって，道徳的価値に向き合うことなく安易に第三の道を考えてしまうことは避けたほうがいいと思います。できるだけ例外的な発想を消して，前記の発問を参考にしながら道徳的価値に子どもたちが真摯に向き合うという「練習」を授業で繰り返していくことによって，現実生活においてもより広い視野を持った妥当性のある価値判断ができるのではないでしょうか。

モラルジレンマ教材は先にも述べたように，もうずいぶんと前からつくられています。中には今の時代には合っていないものもあります。たとえば現在，サプライズ誕生日に慣れている子どもたちにとっては，転校してしまう友だちに内緒（サプライズ）でお別れ会を企画している最中に，その友だちとギクシャクしてしまうモラルジレンマ（「けい子の迷い」）には興味を示さないこともありえます（実際にあった話です）。

そんなときは，自作でモラルジレンマをつくってみるのも一つの手です。現実生活にはジレンマが溢れています。子どもたちの興味・関心を引きそうな，かつ道徳的価値が対立するような，そんなモラルジレンマ教材をつくるのもおもしろいのではないでしょうか。

23 当たり前を問い直し批判的思考を育成する探究的道徳

道徳の授業は一般的には教科書を用いてなされることが多いですが，今回は独自教材を用いて，特に思考力に焦点を当てた「探究的道徳」の授業方法についてみていきましょう。

道徳の授業で思考力を伸ばす

2017年告示の学習指導要領は「何を知っているか」という知識や技能の習得から，「知っていることをどう使うか」という思考力，判断力，表現力といったものや，学んだことをいかに人生や社会に活かしていくかということがより一層重要視されています。

道徳教育においても同様です。道徳の授業での学びが，思考力や判断力に結びついていく必要がありますし，道徳の授業が子どもたちの人生を豊かなものにしていってほしいと願っています。

そこで今回は，新しい道徳の授業の方法を紹介します。この授業は特に「思考力」の育成に結びつく実践になっています。

TOK を援用した道徳の授業とは

TOK とは「Theory of Knowledge」（知の理論）の略で，国際バカロレアという教育プログラムの核となっている教科横断的な授業です。国際バカロレアについて説明を始めると長くなってしまいますのでここでは省略しますが，簡単に言ってしまえば，「多様な文化の理解と尊重の精神を通じて，よりよい，より平和な世界を築くことに貢献する，探究心，知識，思いやりに富んだ若者の育成」を目指して行われる国際的な教育です。

TOK では，何かしらの知識を教えることに焦点を当てるのではなく，**知識そのものを批判的に見ていくこと，いわゆる批判的思考の育成**に焦点を当てています。その際に，ある知識について，「私が知っていること」と「私

たちが知っている（共有している）こと」を区別し，自分たちが知らず知らずのうちに抱いてしまっている思い込みや信念，前提といったものを洞察していくことをねらっています。

　TOK は，道徳教育を進めていくために開発されたものではありませんが，「批判的に物事を捉えていく」ことは道徳の授業においては非常に大切なポイントになってきます。なぜならば，私たちの争いごとのそもそもの発端は，「自分こそが正しい」というある種の信念の対立によってもたらされていることが多いからです。対話をしていくためには，自らの当たり前を紐解いていく必要があります。

　さて，この TOK の考え方を道徳の授業に援用できないかと取り組みを始めたのが，立命館宇治中学校です。立命館宇治高等学校が国際バカロレア認定校になっていることもあって，中学校ではその知見を道徳教育に活かす試みとして，探究的道徳が始められました（詳しくは，荒木2019参照）。私の価値観と共有される価値観，その境界線を見つけ出していく中で，改めて自分の価値観を批判的に捉え直し，価値観を再構築していくことをねらっています。

探究的道徳授業の実際

〈授業のテーマ〉　「本当の優しさとは何か」
　（中学生対象に考案されましたが，小学校高学年でも実施可能です）
〈導入〉
　以下の話それぞれについて，優しいか優しくないか，子どもたちが判断して，その理由をワークシートに書きます。
　一つ目はロッカー点検でいつも怒られているＡのロッカーを，Ｂが先に片付けてあげる行為，二つ目がＡとＢがＣの悪口を言っているのを聞いたＤが，それをＣに伝える行為，三つ目がトイレに並んでいたら泣きそうな顔をした子どもが来たので，自分の前に入れてあげた行為です。
　この三つのパターンを考えた後に，子どもたちは「あなたが考える優しい

人とはどんな人」という問いに対してファーストアンサーを考えます。

〈展開〉

　子どもは先に考えた「自分が考える優しい人」の定義を基に，グループでの「意見の共有」を始めます。その中で，「私の価値観」と「共有された価値観」に整理していきます。

　整理された表を見ながら，いよいよ「本当の優しさ」を探るディスカッションが始まります。「先に片付けてあげるのって自己満足じゃないの」「子どもじゃなくて大人が泣きそうな顔でやってきたらどうするの」「相手との距離感，人間関係でどうするか変わるかも」「誰の視点から見るかで変わってくるんじゃないの」。ディスカッションが深まっていきます。

〈まとめ〉

　子どもたちはディスカッションを踏まえて，ファイナルアンサーで再度，「自分が考える優しい人」について考えます。授業の最初と最後で同じ問いをすることで，子どもたちは自分の考えが変化したことに気づきやすくなります。そして，子どもが授業の中で気づいたことや疑問に思ったことについて振り返りを記入し，授業は終了します。

授業のポイント

　探究的道徳をする際には，導入部で授業の目的を毎回伝えます。この授業は物事の本質を探っていく授業であること，多くの知識や価値観の中から自分で選択し判断する力をつけていくこと，他人の意見に対して多くの「問い」を持つこと，そのためにも相手の話をしっかり聴くこと，といった具合です。このような前置きがあることで，授業そのものの方向づけが可能になります。

> 導入段階で，いっぱい意見を言うこと・問いを持つことが目的だとあらかじめわかっていれば，グループ内でも発言しやすいかもしれません。あれ？　そういえばこの授業の「内容項目」って何だったでしょう…？

そう，多くの先生は「この授業で扱った内容項目って何？」と感じたかも
しれません。確かに，通常の道徳の授業では必ず内容項目が明記されます。
この授業の場合は「よりよい学校生活，集団生活の充実」になるのですが，
その内容項目に子どもの意見すべてが収斂されるわけではありません。「本
当の優しさ」について考えを巡らせる中で，「親切，思いやり」や「相互理
解，寛容」「友情，信頼」など多岐にわたって道徳的価値を捉えたと解釈し
たほうがいいでしょう。道徳科の目標にも「道徳的**諸価値**の理解を基に」と
あるように，強引に一つの内容項目に収める必要はないでしょう。

　最後に，子ども同士でディスカッションをしていく場合，**子どもがどれだ
けの「問い」を出せるかということが授業の成否を決めます。**クラス全体で
教師主導のもとディスカッションを行うのであれば，問いを考えるのは教師
が中心になるのですが，グループ学習の場合はそうはいきません。「なぜそ
う思うのか？」「具体的には？」「他の場合だとどうなる？」など，いろいろ
な問いのレパートリーを子どもと共有しておくといいですね。こういった問
いかけが多面的・多角的に道徳的価値を捉える契機になります。

　また振り返りの際にも，授業を通じて疑問に思ったことをあげてもらうよ
うにしています。**子どもたち自身が「問い」を持つことが，学びを深めてい
く＝思考力を高める重要なポイント**になるからです。この取り組みが，道徳
的価値について単に「知る」ということを超えて，「より深く理解する」と
いうことにつながっていくのです。**「主体的に学ぶ」とは，誰かが準備した
問いを考えることではなく，自らが問いを持って学びを進めていくことでは
ないでしょうか。**

　今回は TOK を援用した探究的道徳の授業を紹介しましたが，これ以外に
も子どもたちの批判的思考を育んでいく手法として，リップマンが考案した
「子どものための哲学」（philosophy for children：p4c）という実践もありま
す。ご興味のある方は，書籍を手にとってみてください。

24 自立と多様性が育つ全校道徳の授業

道徳の授業は学級単位でしかできない？　そんなことはありません。全校道徳という取り組みがあります。異学年で集まるからこそのメリットもありますよ。

全校道徳とは？

　道徳の授業は学級（学年）単位で行われることが一般的ですよね。発達年齢が近いほうが認知的な能力が似ているため，読み物教材も扱いやすいですし，子どもたちの生活経験も同じような過程を経ているので，授業が進めやすいといえるでしょう。

　それに対して全校道徳は，基本的には**縦割りの班による異学年集団で構成**されます。小学校であれば１年生から６年生で一つの班になり，そのグループでテーマに焦点を当てた話し合いなどを行っていきます。全校道徳は**異学年で集まって共に考えるというのが特徴**であるといえます。

全校道徳のメリット

　全校道徳の利点を，以下三つの点から考えてみましょう。

　第一に，異学年集団だからこそ出てくる**アイデアや意見の多様性を担保できる**という点です。学級を単位とした道徳の授業は，良くも悪くも同質性の高い集団がベースになりますので，多様な意見が出てきそうで実は出てきにくい場合もあります。

　第二に，**高学年の子どものファシリテーション力やリーダーシップを育てることができる**ということです。全校道徳では高学年の子どもが中心となって話し合い活動を進めていきます。そのときに取り上げられているテーマに基づいて，アイデアを出し合い，話の交通整理をして，時には発言しにくそうな子には声掛けをしていくなど，自分たちで話し合いを進めていく力を獲

得していくことができます。

　第三に，異学年の子どもたちが活動を共にすることで，低学年の子どもにとっては**上級生が身近なロールモデルになる**点が挙げられます。その場をやりくりしている上級生は，低学年の子どもから見ればかっこいいものです。身近なかっこいい存在が低学年の憧れになり，成長を加速させていきます。

全校道徳の進め方のコツ

●道徳の授業の成立要件

　道徳科の目標には，**自己を見つめる活動，多面的・多角的に考える活動，そして生き方について考える活動という三つの学習活動**が記されています。となると，全校道徳では（学級でも），これらの学習活動が含まれるように活動を組んでみましょう。

●テーマは端的に

　何百人の子どもが一堂に会して道徳の授業をするわけですから，通常の進め方とは異なってきます。教師と子どものやりとりによって授業を進めるわけではないので，**テーマはかなり厳選しておく必要があります。**

　たとえば，インクルーシブ教育において先駆的な取り組みをしている大阪市の大空小学校では，これまで以下のようなテーマで全校道徳が実施されてきました。該当する内容項目も挙げておきます。

　・平和ってどういうこと（国際理解，国際親善／生命の尊さ）

　・みんなが気持ちよく遊ぶために（規則の尊重）

　・あいさつはなぜあるのだろう（礼儀）

　・どうすると，心がつながる？（感謝／礼儀）

　・自分も人も大切にするってどういうこと（相互理解，寛容）

　私が大空小学校をうかがった際には，20秒ほどの教師（大空劇団）による友だち関係に関する寸劇が行われました。4人グループで遊んでいるところに，「一緒に遊ぼう」と，一人の友だちが入ってきます。でも4人グルー

プは，「別に嫌なわけじゃないけど，今日はこのメンバーで遊ぶって決めたから，ごめん」と断ります。その後，「自分だったらどうするか？」（友情，信頼）という問いが出されました。

　低学年から高学年が共に話し合うために，込み入った情報は不要です。シンプルに問い（テーマ）を捉えることが重要です。

●自分で考える時間を確保する

　テーマが示された後すぐに話し合いができるかというと，そうでもありません。まずはそのテーマについて自分なりに考える時間が必要になります。いわゆる「自己を見つめる活動」です。少しの時間でもいいので，子どもが一人で考える時間を確保しましょう。

●「振り返り」は必ず実施

　話し合いに積極的に関与できない子どもも中にはいるかもしれません。その日の話し合い活動に対して，子どもが**自分なりに意味を見出していくため**にも，自分の言葉でまとめていく必要があります。最後に振り返りができるようにしましょう。この時間が「これからの生き方を考える」学習活動につながります。

全校道徳を実施する際の留意点

　全校道徳がうまく機能するためには，子どもたち全体のつながりが日常からつくられていること，また，話し合いを進めていく高学年の子どもには，ある程度ファシリテーションの技術が必要になってきます。そして何よりも教師が余計な口出しをしないこと。**教師は場を設定することに重きをおいて，子どもが自ずと育っていくことを見守る覚悟が必要です。**

　子どもを信じて子どもに任せてみる，そんな全校道徳の授業が子どもたちをよりステップアップさせていくのではないでしょうか。チャレンジする価値のある取り組みだと思います。

25 キャリア教育と道徳教育を結びつける問いのあり方

キャリア教育と道徳教育って実はかなりの結びつきがあるのではないかと感じています。一見すると，あまり関係性がないように思えるこの二つの取り組み。今回はキャリア教育と道徳教育の取り組みについて考えてみましょう。

教材：「一さいから百さいの夢」（光村図書『きみがいちばんかがやくとき』6年）

キャリア教育とは

　キャリア教育は，そもそもは2000年前後に若者の雇用問題や就業支援，つまりは就職難や早期離職に対する支援の中で誕生しました。この流れの中でのキャリア教育実践は，職業についての知識を増やし，職業体験やインターンシップへの取り組みが主なものでした。

　しかし，このようなキャリア教育を，教育学者の児美川孝一郎氏は，「狭すぎて，偏ったキャリア教育」として，次の問題点を示しました（児美川2013）。それは，キャリア教育の焦点が，職業や就労だけに当たってしまっている点，そしてキャリア教育への取り組みが学校教育全体のものになっていない（外づけの実践になってしまっている）点です。後に述べるように，キャリア教育は，決して「将来就きたい職業」を探したり，「将来の夢」を語ったりすることだけではありません。また，進路指導や出口支援（卒業後の仕事の斡旋）そのものでもありません。さらに，学校教育全体のカリキュラムの中で，さまざまな教育の取り組みと結びつけられて考えていく必要があるのです。

　では，現在ではどのようなキャリア教育が求められているのでしょうか。文部科学省が出している『キャリア教育の手引き』（2011）を参考に見ていきましょう。キャリアとは「人が，生涯の中で様々な役割を果たす過程で，自らの役割の価値や自分と役割との関係を見出していく連なりや積み重ね」

であるとされています。そして、「社会の中で自分の役割を果たしながら、自分らしい生き方を実現していく過程を『キャリア発達』」といい、そのキャリア発達を促していくのがキャリア教育であるとされています。

　ちょっとややこしいですね。少し解説しましょう。人はその年齢などに応じて、さまざまな役割を果たしていきます。家庭での役割、学校での役割、職業人としての役割、地域社会での役割、さまざまな役割があります。その役割を担う中で、他者との関係性が必然的に生まれ、その関係性の中から、「自分らしい生き方」が形成されてくるというのです。この**自分らしい生き方が形成されてくる過程がキャリア発達**というわけです。単なる職業選択というような意味合いではなくなってきていますよね。

　つまり大切なことは、「**自分はどう生きていきたいのか**」「**生きていくに当たって自分らしくあるために自分が大切にしたい価値は何か**」ということを**各年代に応じて探っていくことがキャリア教育**であると言えそうです。そう、私がキャリア教育と道徳教育との結びつきを感じたのは、まさに「どう生きていくのか」という点でした。

道徳教育との関係

　道徳教育の目標には、「自立した人間として他者と共によりよく生きるための基盤となる道徳性を養う」という一文があります。道徳教育は「よりよく生きること」を目指し、よりよく生きていこうとする際の基盤となる道徳性を養っていくことであるといえます。

　一方、キャリア教育においては「どのように生きていくのか」ということに焦点が当てられますが、これはややもすれば「個人的なよさの視点に基づいた生き方」を推奨することになる可能性があります。極端な言い方をすれば、「人を騙してでも大金を稼ぐ」ことも、「快楽のため（あるいは強くなるため）に禁止薬物を使う」ことも、その人の生き方として認めざるを得なくなってしまいます。

　そこで、道徳教育の視点が必要になってきます。それが「よりよく生き

る」という「よさ」を求めた生き方です。しかし，この「よさ」もなかなかの曲者です（解釈が多様に成立してしまうので）。私は「よりよく生きる」ということを考えるに当たっては，学習指導要領総則の「人間尊重の精神と生命に対する畏敬の念」という言葉を重要視しています。要するに，**「自他の生命と権利を大切にする」ということに基づきながら，「よりよい生き方」を考えていくのが道徳教育の目的であると捉えています。**

このような捉え方は，OECD education 2030においても提唱されています。OECD は The OECD Learning Framework 2030を公表し，各コンピテンシー（日本流にいえば，資質・能力）がどのように人生において用いられていくのかを「学びの羅針盤」（Learning Compass）を用いて示しています。この「学びの羅針盤」が最終的に目指しているところは，個人と社会におけるwell-being，つまり「幸福」です。**教育において培われたあらゆるコンピテンシーは個人と社会の幸福を目指すとされました。**実に興味深い提言です。

先に児美川氏が指摘したように，キャリア教育が単独の教育活動として成立するのではなく，学校の教育活動全体とのつながりの中で位置づけられる必要があり，まさに道徳教育との連関を図ることによって，より充実したものになっていくのではないでしょうか。つまり，**「他者と共によりよく生きていくために，あなたはどのように自分らしく生きていくのか」**ということを教育活動全体を通じて考えていくことが，キャリア教育と道徳教育を橋渡しする大きな問いになってくるのです。

具体的な取り組み　キャリア教育と道徳教育を結びつける問い

学習指導要領道徳の現代的な課題の例示（食育，健康教育，消費者教育，防災教育，福祉に関する教育，法教育，社会参画に関する教育，伝統文化教育，国際理解教育，キャリア教育など）において，キャリア教育が最後に取り上げられていることに関連するかもしれませんが，道徳の教科書でキャリア教育との関連を明示したものは，実はそれほど多くありません。今回は光村図書の小学校6年生の教科書から「一さいから百さいの夢」を取り上げて

みましょう。

〈教材の概要〉

　この教材は，さまざまな年齢の方の「夢」を取り上げています。12歳から100歳まで，将来就きたい職業や人生そのものについてなど，計6名の夢を描いた文章が掲載されています。

　教科書に提示してある発問と指示は，以下の2点です。

　・どんなところが一番心に残りましたか。理由と一緒に発表しましょう。

　・あなたの夢を書き留めておきましょう。

　そして大きなテーマとしては，次の問いが提示されています。

　・夢が私たちに与えてくれるものは，何だろう？

　もちろん，この展開でも問題ありませんし，小学校を卒業するに当たって今一度自分の夢について考えることも大事なことです。今回は，より道徳教育とキャリア教育との結びつきを考えたいので，次のような問いを考えました。

> その夢を実現すると，どんな人に笑顔を届けることができるでしょうか？
> その夢をもっと深く探っていくと，その核心にはあなたが大切にしたいどのような思いがありますか？

　一つ目の問いは，自分の夢が他者にどういう幸せをもたらすのかという視点を強調したものです。二つ目の問いは，職業名（パティシエとか医者とか歌手とか）としての夢ではなく，その職業の根底にあるコアな部分，その人が大切にしている価値に焦点を当てた問いになります。二つ目の問いは，問いとしてあまりこなれていないうえに難しい問いなのですが（ですので，中学生以上が望ましいかもしれません），**「自分らしい生き方を探る」**ための問い，**「自分を見つめる」**ための問いになっています。この問いの背景には私の経験が隠されています。

　非常に私事ですが，小学校6年生のときの将来の夢に「サッカーに携わる

仕事に就きたい」ということを書きました。当時は J リーグもない時代でしたので，日本でサッカー選手といえばプロではなく社会人選手が一般的でした。もちろん当時の私は大人になれば社会人選手として本気でやりたいと思っていたのですが，「選手になれなかったらサッカーはやめるのか」とか，「サッカーそのものが好きなのか」「サッカーをすることが好きなのか」など，自問自答した覚えがあります。その結果として先の「夢」が出てきました。

　現在は大学の教員という全然違う職業についていますが，夢は破れたのかというとそうでもありません。実は大学の教員をしながら，少年サッカーのコーチを30代のときに経験しましたし，サッカーそのものはプレイヤーとして40歳までやっていました。じゃあ，サッカー観戦に行くのかといわれれば，ほぼ行きません。今になって思うのは，「プレイヤーとしての自分」が自分らしさの原点であり，だからこそ今も継続しているミャンマーでの教育支援活動も，「実際に自分がプレイヤーとして実践することが好き」だからこそ続いているのかもしれません。まさに40年近くかけて，私は自分らしい生き方を探る「キャリア発達」をしてきたことになります。要は，**ものすごく時間をかけながらゆっくりと形成していくものなんですよね。**

　夢を描くことは大切なことですが，それだけで道徳教育やキャリア教育が終わってしまうのではなく，自分で世界を切り開いていくための方略を子どもたちが見つけていけるような，そんな教育活動を展開したいものです。

　ぜひ授業を実践する際には，教師自身のキャリア発達のことを語ってもらえればと思います。「どうして先生になったのか？」とかね。

　それから最後に一つだけ。夢を描く＝自己実現を望むのは，マズロー（A. Maslow）の 5 段階欲求でいえば最後の段階です。「生きること」そのものに困難を抱えている子どもに対して，「将来の夢を描きなさい」と言っても，十分な食事もない，安心できる場もない子どもには難しいと思います。まずはその子どもの「生きること」が保障される必要があります。

26 防災教育としての道徳

 防災と道徳を結びつけて考える授業があります。災害時に備えて,子どもたちが主体的に最善の判断を下せるようにしていくことをねらっています。

現代的な課題としての防災教育

　2011年の東日本大震災以降,防災教育への関心は高まっています。2017年学習指導要領『解説』においても,現代的な課題に関するものとして「食育,健康教育,消費者教育,防災教育,福祉に関する教育,(以下略)」と防災教育が挙げられています。従来の防災教育で私たちが想像しやすいものは避難訓練ですよね。非常ベルが鳴り,校庭まで避難することを年に一度くらい経験したことがあるかと思います。みなさんの記憶を思い起こしても,その訓練に積極的に主体的に関わろうというよりも,なんか日常とは違う雰囲気を味わいながら,言われるがまま他律的に動くという感じだったのではないでしょうか。現在ではそのような避難訓練だけではなく,年間を通じて教科や特別活動などの学習内容と結びつける試みや,中でも特に道徳科と防災教育を関連させて捉える動きが出てきています(藤井2019 a)。たとえば,道徳科の内容項目にある「自主,自律,自由と責任」「生命の尊さ」「伝統と文化の尊重,郷土を愛する態度」などは,防災教育においても扱える内容です。

防災教育と道徳教育

　福島県や和歌山県など各自治体が実施している防災教育もありますが,ここでは静岡大学の藤井基貴研究室が提案している「防災道徳」を取り上げようと思います(藤井2019 b)。
　藤井研究室が提案する防災道徳の授業は,判断に迷う状況について考えを巡らせる「モラルジレンマ」と,その後ジレンマ状況をいかに回避していく

かについて考える「ジレンマくだき」の2段階の構成になっています（第22講参照）。モラルジレンマ部分では道徳的価値葛藤の中で判断理由づけを深めていくことをねらいにし、ジレンマくだきでは防災科学の知見などを踏まえながら、ジレンマ状況を克服、回避していくための合意形成を目指しています。複雑で多様な状況下での最善の判断を促していくために、子どもの考えを「揺さぶる」状況設定などが多く準備されています。藤井氏によれば、この防災教育の特徴は、防災に関する基本的な知識などを教師が「教えること」と、災害時における葛藤場面の話し合いを通じて子どもが主体的に「考えること」を組み合わせているところにあるといいます。

避難する？それとも家に残る？

では、中学校での実践を見てみましょう（藤井2014）。モラルジレンマとして提示されるのは、次のような状況です。「あなたは夕暮れどきに、70歳のおばあちゃんと2人で山の麓にある家にいます。大雨が降り続いていて、『避難準備・高齢者等避難開始』が発令されたことを災害無線で知りました。あなたは避難しますか。それともそのまま家に残りますか」。

授業者が揺さぶりとして準備していたのは、たとえば、「おばあちゃんが足も腰も痛くて歩きたくないと言ったら、どうする？」「周りの家の人は避難していないようだ」「過去にこの地域では大きな災害は起こってないらしい」などです。こういったさまざまな情報を加えていくことで、子どもたちはその状況下でどのような判断をすることが最善であるのかについて考えを巡らせます。展開後段では、「避難情報は『避難勧告』に変わったが、自宅から避難所までには川があり、もしかしたら増水している可能性もある」とさらに揺さぶりをかけます。終末では地域のハザードマップを配り、避難情報の説明や、建物のより高い場所に移動する「垂直避難」のこと、また日常における備えや家庭や地域での意見交換の重要性を伝えて終えています。

実際の災害下では取り巻く状況はさまざまです。必要な情報を得ながら最善の判断を下していくための取り組みとして、防災道徳は位置づけられます。

27　SDGs と道徳

教育の現場でも SDGs という言葉をよく見聞きするように
なりました。道徳教育との関連はどこに見出されるのでしょ
うか。

SDGsって何？

　SDGs とは Sustainable Development Goals（持続可能な開発目標）と呼ば
れるもので，2015年9月の国連サミットで採択されました。SDGs は「誰一
人取り残さない」という理念のもと，2030年までに持続可能でよりよい世
界をつくるために，先進国も途上国も一丸となって達成すべき目標です。

　サスティナブル＝持続可能って日本語に訳してもなんだかよくわかりにく
い表現ですが，要するに**「地球環境や資源が守られて，未来に生きる人が必
要とするものを失うことなく，今を生きている人の要求も満たしていく」**と
いう意味です。いわば，**世代を超えた公正さ**を求めていますが，**SDGs は同
世代における公正さ**も求めています。たとえば，きれいな夕日を100年後に
生きる人にも見てもらいたいなら，今の環境を保っていくような開発をする
必要がありますし（世代を超えた公正さ），先進国に生まれたなら教育を受
けられるけど，開発途上国に生まれると日々の食べ物にも困るというのは公
正ではないので，同世代における公正さも求めます。

　SDGs には17の大きなゴールとその下に具体的な169のターゲット，さら
にその下に進捗状況を測るための230の指標があります（ユニセフ）。たと
えば，ゴール4は「質の高い教育をみんなに」と設定されていて，その下に
「2030年までにすべての子どもが男女関係なく無償で公正で質の高い初等中
等教育を修了できるようにする」というようなターゲットが10ほど設定さ
れています。興味のある方は，外務省やユニセフのホームページなどを参考
にしてください。

SDGs と道徳教育の接点って？

　SDGs と学校教育の接点で考えると，一般的には総合的な学習の時間で取り上げられることが多いですね。たとえば，岡山大学教育学部附属中学校では，SDGs を意識した総合的な学習の時間を展開しています。埼玉県の上尾東中学校ではグローバルシティズンシップ科を設け，中学生が SDGs について知り，SDGs 達成に向けての取り組みを考え，最終的に持続可能なまちづくりを提案しています（松倉2020）。

　では，道徳の授業との関係はどうでしょうか。たとえば『解説』では「持続可能な発展を巡っては，環境，貧困，人権，平和，開発といった様々な問題があり，これらの問題は，生命や人権，自然環境保全，公正・公平，社会正義，国際親善など様々な道徳的価値に関わる葛藤がある」と述べられています。たとえば，ゴール１の「貧困をなくそう」について考えてみましょう。世界の貧困の背景には，奴隷のように働かされる搾取の問題だけではなく，教育の機会を奪うことやジェンダー格差，児童労働，栄養や医療の問題，その背後には過去の植民地政策が関係している場合もあったりなど，非常に多岐にわたる問題があります。ここには人権や生命の価値，社会の公正さなど，道徳教育の複数の内容項目に絡む問題が含まれています。道徳教育は「自立した人間として他者とよりよく生きるための道徳性を育んでいくこと」をねらっていますが，SDGs はそれを世界規模で考え達成していこうという取り組みですし，道徳教育との相性はむしろいいのではないでしょうか。

　SDGs は学校教育のあらゆる分野で扱うことができます。道徳の授業で扱う際には，先程も述べたように，複数の道徳的価値が関係する問題として扱ったり，他の教育活動で扱ったことを「補充・深化・統合」する形で扱うことができます。道徳の授業では SDGs に関係する道徳的価値に焦点を当て，他の教育活動では SDGs に関する知識を得ることで，子どもたちは持続可能な社会を意識しながら，よりよく私たちが生きていくためにはどうすればいいのかについてより深く問題を考えることができるかと思います。

28 多様性を道徳教育に活かす

 2017年告示の学習指導要領では,「多様」という言葉が至る
ところに見られました。これからの教育で多様性を活かすと
は,どのような意味を持ってくるのでしょうか。

多様性って？

　多様性（diversity）とは,もともとは生物多様性の価値を意識するところ
から始まり,人種や宗教,価値観,ジェンダーなどの多様性を保障すること
が社会の発展においても不可欠な要素になるといわれるようになりました。
学校教育に目を向けると,多様性を認めていく教育は,外国人児童・生徒の
権利保障や,障害のある子どもたちとの共生を目指すインクルーシブ教育と
いう形で進められてきています（中央教育審議会2021）。ただし,多様性は
人種や障害の有無といったカテゴリーの違いを表すだけではなく,人間が一
人ひとり異なる存在であることに目を向ける言葉でもあります。そのため,
すべての子どもの違いを尊重し認め合うインクルーシブ教育が求められます。

ある学校での実践

　同質的な集団で過ごしていると,それぞれの個性を意識することが難しく
なることもあります。違いに気づきにくいということがさらに同質性を望み,
異なる存在を排除する傾向を生み出しやすくなります。そこで,各自の個性
を視覚的に捉えさせたうえで,集団としてどうすべきなのかを考えてもらう
授業を小学校5年生に実施しました。
主題名：私ってどんな人？
内容項目：個性の伸長,よりよい学校生活,集団生活の充実
授業のねらい：「私の個性」を視覚的に捉えさせ,それを他者と比較したり,
重ねたりする活動を通して,お互いの違いを否定するのではなく違うからこ

そよい集団をつくり上げようとする，道徳的実践意欲と態度を育てる。

準備物：レーダーチャート（一人一枚），色鉛筆，はさみ

①レーダーチャートに書き込んで切り取る

レーダーチャートを一人一枚配り，下記の項目が
どれくらい当てはまるか表していきます。項目は子
どもの実態に合わせて変えてもらっても構いません。
今回は次のようにしてみました。「1．本を読む
2．ワイワイする　3．おしゃれをする　4．片付
けをする　5．せっかちだ　6．ひとりでも平気
7．星空を見る　8．運動をする　9．じっくり考える　10．人前で話を
する」。その後，点を線でつないで，線にそって切り取ります。切り取った
形に好きな色を塗ってもおもしろいですね。

②比べて重ねてみると！

自分のものと他の人のものを比べてみましょう（グループでも立ち歩きで
も構いません）。似たような形はあっても，全く同じ形というのはほぼない
ことに気づきます。それぞれが独自の「星」の形になっています。そこで，
次にすべての「星」を重ねてもらいます。するとどうでしょう。場合によっ
ては切り取る前のレーダーチャートの形に近づいていることがわかります。

③みんなは違う「私らしさ」をもっている

子どもたちに，活動を通じて気づいたことを発表してもらいます。次のよ
うに発表してくれました。「一人ひとり全然違う『星』の形になった」，「そ
れがそれぞれの個性だ」，「『私らしさ』が見えた」，「自分と似ていると思っ
ていた友だちの『星』の形が違っていて驚いた」，「自分が苦手なことは得意
な人に助けてもらえばいい」，「補い合うと円のような形になる」，などなど。

多様性を認めながらどのように共に生きていくのかという，多文化共生社
会を実現していくことは，ますます急務になってきます。私たちはそもそも
違う存在，違うからこそそれを当たり前にしながら，いかにして個人と全体
のウェルビーイングを達成していくか，その方策を考えていきましょう。

29 社会情動的スキルと道徳教育

 今後の道徳教育の方向性を考えていく際に重要な示唆を与えてくれるのが，社会情動的スキルの育成です。SEL というプログラムもあります。どのようなものなのでしょうか？

社会情動的スキルとは

社会情動的スキル（非認知的スキル）という言葉が日本で脚光を浴びたのは，2017年の学習指導要領の改訂においてでしょう。「資質・能力」の成立に大きな影響を与えた OECD（経済協力開発機構）の DeCeCo プロジェクトにおいて「社会情動的スキル」として表現されていたものが，「学びに向かう力」と訳されたのです。

社会情動的スキルとは「（a）一貫した思考・感情・行動のパターンに発現し，（b）学校教育またはインフォーマルな学習によって発達させることができ，（c）個人の一生を通じて社会・経済的成果に重要な影響を与えるような個人の能力」（OECD2015）と定義づけされています。具体的には，**目標を達成する力**（忍耐力，意欲，自己制御など），**他者と協働する力**（社会的スキル，協調性など），そして**情動を制御する力**（自尊心，自信など）と表されます。これらの力が，その人の人生の「成否」に大きく影響を与えるというのです。社会情動的スキルは非認知的スキルと表されることもありますが，**認知的スキルと完全に分けられるものではなく，相互に関係し合っている**と捉えることが妥当です。たとえば，他者の立場に立ってみるという「役割取得」という能力は認知的スキルに基づいていますが，この認知スキルがないと共感性という情動的スキルの育成は困難になります（白井2020）。

SEL という取り組み

この社会情動的スキルを育んでいく手法に，Social and Emotional Learning

（社会性と情動についての学習：SEL）というものがあります。世界各国では，社会情動的スキルの学びを教科の中に取り入れたり，全教科を通じて育成したりするカリキュラムが増加しています（OECD2018）。アメリカではCharacter Education Partnershipという団体が18歳以下の子どもを対象にCharacter & Social-Emotional Development（人格と社会情動的発達）スタンダードモデル（CSED）を公表しています（Character.org 参照）。

図　社会情動的学習のフレームワーク

日本 SEL 推進協会 HP（https://sel-japan.org/）の図を基に筆者作成

ここでは，従来から取り組まれていた人格教育（character education）に社会情動的スキルの学習を融合させています。11〜13歳の子どもを対象とした「自己認知」では「あなたが『ストレスを感じる瞬間』と，あなたがその状況で不安を感じる理由を認識すること」などに気づかせるプログラムが準備されています。

　CSED モデルの特徴は，**認知，感情，行動を分けて捉えずに，すべてつながっている全体的な（ホリスティックな）ものとして扱っているところ**，ならびに**学校全体がポジティブで安全な場であること**を強調している点です。

道徳科の授業にどう取り入れる？

　リフレクションを充実したものにしていくことが，**社会情動的スキルを育む一つの手立て**になります。それは，自分に生じたこと，そのときに思ったこと，感じたことなど認知，感情，行動の全体から自分を捉えることにもつながりますし（メタ認知の向上），そういった活動を積み重ねていくことが，たとえば「もっと自信を持って言えばよかったな」という情動を制御する力の育成につながってくるのです（メタ認知などについては第33講参照）。

30 道徳の授業における ユニバーサルデザイン

授業に少し工夫を加えるだけで，特別に支援が必要な子ども だけではなく，あらゆる子どもがわかりやすくなる「授業の ユニバーサルデザイン」という考えがあります。道徳のユニ バーサルデザインを見ていきましょう。

授業のユニバーサルデザインという考え方

今やユニバーサルデザイン（以下 UD）は，私たちの生活に当たり前に溶け込んでいます。自動販売機は背の小さい子どもでもボタンが押しやすくなっていたり，改札口もずいぶんと広くなったと思います。UD とは，普遍的なデザイン，つまり誰もが利用しやすい，使い勝手がいいようにデザインされたもの，すべての人のためのデザインを意味します。特定の人ではなく，できうる限りすべての人にとって使いやすいというところが鍵ですね。

この考え方を教育に援用したのが，授業の UD です。従来の授業の進め方だと授業についていけない，参加できない子どもが一定数いました。たとえば口頭のみで「〜してください」と指示をすると指示内容がわからなくなったり，授業の流れがわからず何をやっているのか不安になったり，ずっと座らされてイライラしてしまったり，そういった子どもたちをサポートした授業づくりが，実は他の子どもにとってもわかりやすい授業になっているところから授業の UD が提唱されました（小貫，桂2014）。つまり，**授業の UD とは，すべての子どもにとってわかる・できる授業づくりである**といえます。

道徳授業のユニバーサルデザイン

では，道徳の授業づくりではどのような UD があるのでしょうか。坂本哲彦氏は**焦点化，視覚化，共有化，身体表現化**の四つを取り上げています（坂本2014）。簡単に見ていきましょう。**焦点化**とは，授業のねらい，学習内容，発問を具体化し一貫性を持たせることです。まさに授業づくりの根幹部分で

すね。どのようなことを子どもたちに考えてもらいたいのか，どこにポイントを置くのか，そうした焦点化は授業のねらいにも発問にも直結してきます。

視覚化とは，具体物（写真や実物など）の提示による興味・関心を喚起するだけではなく，話し合いの流れを板書を通じてわかりやすくしていくこと（第11講），さらにはネームプレートを座標軸に位置づけていく作業など（第15講）も該当します。

共有化は，授業の終末部分における振り返りを共有することを指しています。単に自分で授業を振り返るだけではなく，それを他者と共有し，お互いの意見を尊重したうえで，助言や励ましをお互いに与え，これからの生き方に活かしていくようにします。

最後の**身体表現化**は，役割演技や動作化のことです（第18講）。身体表現することによって道徳的価値の理解を深めていくだけではなく，自分だったらどうするかという「自我関与」も考えやすくなります。

その子のニーズを把握すること

授業のUDは，基本的には一斉授業を展開していく際の一種の教育技術であると言えます。その根本には，すべての子どもが授業に参加し，知識を得て，考えて，理解してほしいという教師の願いがあるでしょう。「子どもが学びの主体者」とよく言われますが，本当にすべての子どもが主人公になる授業づくりを教師が考えるならば，「授業のUDさえやっておけば大丈夫」と技術主義的に考えるのではなく，道徳の授業の中で出された子どもの思いや考えを授業に組み込んでいくという教師のあり方が求められます。平野朝久氏の言葉を借りれば「はじめに子どもありき」ですね。子どもが何を感じ，何を求めているのかという事実から出発し，一人の子どもの人格を全体的に捉え，より一層子どもが成長できる授業を考えていく必要があります（平野1994）。学びの主体者としての子どもを尊重するという教師のあり方に根ざすことで，授業のUDは不断に更新され，その先生自身のアートとしての技術（技芸）になり，子どもの学びを支えるものになるはずです。

31 自己評価力を伸ばすポートフォリオ評価

道徳の評価が難しいという声をよく聞きます。そこで今回は，ポートフォリオ評価を用いて子どもたちが自分自身を評価し，それを参考に教師が評価していく方法を考えてみましょう。

教育評価の意味とは

第1章第8講でも書きましたが，教育評価には，大きく分けると二つの役割があります。その一つは**子どもの学習状況や結果を見取っていくという評価**（子どもたちはどの程度学んだのか），もう一つが**子どもの学習状況を踏まえて教師が自らの教育活動を振り返り，教育活動をよりよいものにしていくという意味での評価**（たとえば，テスト結果から授業がうまくいったかどうか判断する授業評価）です。教育は何かしらの意図をもって行われる活動なので，その意図が十分に達成されたかどうか見極めていく必要があり，その役割を担っているのが教育評価であるといえます。

道徳科の評価，どうしよう？？

さて，道徳の時間が教科になるということで，良くも悪くも多くの方の関心を集めたのが，評価のことではないでしょうか。「教師の価値観を押しつけることにならないのか？」「そもそも子どもたちの内面を評価できるのか？」。マスコミなどを通じて道徳科の評価への不安が取り沙汰されました。

でも，実は**従来の道徳教育（道徳の時間）でも，評価については学習指導要領で明記されていた**んですよね。たとえば2008年に告示された小学校学習指導要領では「児童の道徳性については，常にその実態を把握して指導に活かすよう努める必要がある。ただし，道徳の時間に関して数値などによる評価は行わないものとする」。この考え方が引き継がれて，2017年告示の学習指導要領では次のように示されています。

> 児童の学習状況や道徳性に係る成長の様子を継続的に把握し，指導に
> 生かすよう努める必要がある。ただし，数値などによる評価は行わな
> いものとする。

　これまでは「指導に生かす」という観点から評価を捉えていた（だから，先生は心の中で「今日の授業はうまくいった」とか無意識に授業評価をしていたのかもしれないですね）のに対して，今後は**指導要録に記入することから，子どもたちの学習そのものを評価対象にしていく必要**が出てきました。

　通常の教科であれば到達点が明確ですので（これを到達目標といいます），目標に到達した度合いによって評価が可能になります。ところが，道徳の場合は「（道徳的判断力，心情，実践意欲と態度という）道徳性を育てる」という方向を表す目標ですので，どの程度目標を達成したのかは非常に見えにくいものになっています。だからこそ，多くの先生は非常に戸惑ったのです。「そんな見えにくいものをどうやって評価するんだ」って。

　実は，学習指導要領の『解説』には「道徳性が養われたか否かは，容易に判断できるものではない」と明記されています。文部科学省も道徳性の成長なんて簡単に見極められるものじゃないって認識しているですよね。

　じゃあ，どうやって評価していけばいいのでしょう。

道徳科の評価—大くくりで，成長を認め励ます，個人内評価—

　学習指導要領の『解説』では次のように述べられています。

> 個々の内容項目ごとではなく，**大くくりなまとまりを踏まえた評価**とすることや，他の児童（生徒）との比較による評価ではなく，**児童（生徒）がいかに成長したかを積極的に受け止めて認め，励ます個人内評価**として記述式で行うこと。
>
> 　　　　　　　　　　　　　　　　　（太字は筆者，括弧内は中学校）

●大くくりなまとまり

　単発の時間や個々の内容項目に応じて評価するものではないとされています。いろいろな理由は考えられますが，道徳性そのものがゆっくりと時間をかけて育っていくものですので，１時間やそこらで誰の目にも明らかな成長ってなかなか生じるわけではないという理由が挙げられるでしょう。またAの視点，Bの視点といった教育内容における「大くくり」も考えられます。要録は年に一度，通知表は多くても年に三度の記述ですから，少なくともそれくらいの大きなくくりで子どもたちを見ていく必要がありそうです。

●いかに成長したかを，認めて励ます個人内評価

　できなかったところをあえて書く必要はありません（道徳の授業中はいいこと言っていたのに休み時間になるとすっかり忘れています……とかね）。むしろ，伸びたところを積極的に認める具体的な記述を心がけてください。私たち自身が，どのような「認め，励ます」言葉をもらったら嬉しいかを考えてみましょう。それは，具体的な言葉が励みになるのではないでしょうか。道徳科の評価で一番の拠り所になるのは，このポイントだと思います。**これは子どもたちの自己肯定感を育てることにもつながります。**だからこそ，その個人の中でどのように変化したのか，過去のその子を規準として評価を行う個人内評価がふさわしいと考えられています。

> なるほど。誰かと比べるのではなく，１年間を通じて子どもたちを見取っていく，というスタンスでいればよいのですね！……それで，具体的にはどうしたらいいでしょうか？（汗）

オススメ！ポートフォリオ評価

　おそらく，多くの先生は道徳の授業でワークシートや道徳ノートを用いているかと思います。要は10回授業をしたら，10回分のワークシートが集まっているということですよね。道徳の評価にこれを用いない手はありません。

ポートフォリオ評価は，「総合的な学習の時間」に用いられることが多い評価ですが，これは**自分の学びを蓄積していくことで，自分の学びを振り返るという自己評価を可能にする評価方法**です。道徳の授業でもワークシートを溜めていくだけではなく，子どもたち自身に授業を振り返ってもらいましょう。たとえば，「最も悩んだ（あるいは感動した，考えた）授業はどれ？その理由は？」，「最も普段の生活に影響を与えた授業はどれ？　その理由は？」といった項目をつくっておいて，学期の中頃と最後辺りにワークシートをまとめていく作業を行うのもいいかと思います。

　また，OPPA（One Paper Portfolio Assessment）という手法もあります（堀2019）。これは，教師がねらっている授業の成果を，子どもが1枚の用紙（OPPシート）の中に学習前・中・後の履歴として記録し，その全体を子ども自身が自己評価する方法です。そこでは単元を貫く問いが準備され，単元の最初と最後でどのように認識が変わったのかが捉えやすくなる工夫がなされています。また，毎回の授業後には「授業で大切だと思ったこと」を子どもが記入することになっています。道徳には単元という考え方はそこまで強くありませんが，カリキュラム・マネジメントをすることで，10回前後の授業をひとまとまりにして最も考えてほしいテーマを設定し，その最初と最後で同じ問いをすることで子どもの考え方の変化を見取ることが可能になります。

　ポートフォリオ評価には利点がいくつもあります。第一に，子どもが道徳の学びのプロセスと結果を見つめることができる点，第二に，子どもが自分の学びを一定期間をおいて再構造化（意味づけ）できる点，第三に，教師が評価を書く際の大きな材料になる点，第四に，道徳の授業評価に結びつく点，などです。**自己評価をうまく用いれば，小学校高学年辺りから子どもたちのメタ認知能力が向上していきます。**

　子どもたちの書く毎回のワークシートを意図的に評価に活かす試みとして，ポートフォリオ評価を取り入れてみてはいかがでしょうか。

32 グループ・モデレーションによる評価

道徳の評価は主として担任の先生が書きますが，これに不安を感じている先生も多くいます。『いくら道徳性そのものを評価しないとは言っても，私が評価していいの？』って。そこで，今回は複数の教師で子どもを見取るグループ・モデレーションについて考えてみましょう。

道徳の評価は教師の主観？

多くの先生が不安に感じているのが，「自分が書いた評価が子どもの成長や実態を適切に捉えていなかったらどうしよう」というものではないでしょうか。いくら学習指導要領の『解説』に「道徳性が養われたか否かは，容易に判断できるものではない」と記されているとしても，「じゃあ適当でいいや」とはさすがになりませんよね。

でも，実際問題として，子どもの成長や実態を捉えることってなかなか難しいと思います。そもそも道徳の評価は学習の到達度を測るものでもありませんし（だから「学習状況」と書いてあるんですね），子どもの外側に設定した評価規準*に基づいて評価するわけでもないので，なおさら評価を困難なものにしてしまいます。

となると，基本的に道徳の評価は「教師の主観」によってなされるものになります。実はこの「教師の主観」が，多くの先生を悩ませてしまっているおおもとの原因じゃないかと私は感じています。「教育評価には『妥当性や信頼性』が求められるのに，道徳に関しては主観ってどういうこと!?　それでいいの？」とお感じかもしれません。ただ，教師の主観ってそこまで捨てたものではないと思います。教師のキャリアなどに裏打ちされた人を見る目って，どんな教師も一定に備えているはずだからです。その子が醸し出している雰囲気などから「あの子はなんだか今日は元気がないな」って感じるのも教師の主観ですし，子どもを見る目の一つですよね。

教育的鑑識眼を持つ！

　子どもの外側に評価規準がないということは，子どもの内側に目を向けて，その子どもがどう変わってきたのか見極めていく作業，つまり教師の子どもを見る目（小難しく言うと「教育的鑑識眼」）が必要になってきます。

　教育的鑑識眼という言葉は，かつてアイスナーという美術教育の専門家が使い始めた言葉です。美術作品って，それこそ見る人が見るととても高い価値のあるものになるのに，私たち素人が見るとなぜそれがいいのかわからないことが多々あります。こういう鑑識眼が教育の世界，つまり子どもを見る目やよい授業を見極める目にも当てはまるんじゃないかというのがアイスナーの主張でした（文部省1975）。

　となると，次の疑問が湧いてきます。「私にそんな鑑識眼なんてあるんだろうか？」って。たしかに，「あの子元気がないなあ」と感じるのも見る目の一つですが，それに対してさまざまな理由を教師側が想像できるのかという点では，教師が持っている経験や知識の差によって鑑識眼の質が変わってくるでしょう。でも，これってあくまで「教師一人で子どもを見る」という前提に立っていませんか？　一人で責任を負ってしまうから，教育的鑑識眼に裏打ちされた教師の主観による評価も怖くなってしまうのではないでしょうか。

　国立教育政策研究所の西野真由美氏が，日本道徳教育学会第89回大会で教師の主観に対応できうる可能性を秘めた道徳の評価として「グループ・モデレーション」を取り上げていました。要は，複数の評価者（特に授業者と参観者）によって評価の調整を行っていくことなのですが，これによって教師の主観が「間主観性」を持った（主観と主観が出会うことでより「妥当性や信頼性」を確保することにつながりうる）評価になると示していました。

　ここには大きなヒントが隠されています。一人で道徳の評価を背負う必要はないということ，むしろ，複数の関係者で評価を行っていくことによって子どもたちの学びをより豊かに捉えることができるということです。学習指

導要領の『解説』にも「評価は個々の教師が個人として行うのではなく，学校として組織的・計画的に行われることが重要」と述べられています。他の評価者と意見を抱き合わせることによって「私の評価」がより妥当性や信頼性を有してくると同時に，自分自身の教育的鑑識眼を向上させるきっかけになるということです。

　となると，鍵は道徳の評価を複数名でいかに行っていくかということになってきます。

ローテーション道徳のススメ

　2016年に「道徳教育に係る評価等の在り方に関する専門家会議」が報告を提出しました。そこでは非常に興味深い記載がなされているので，ちょっと長いですが，引用します。

> 年に数回，教師が交代で学年の全学級を回って道徳の授業を行うといった取組みも提起された。このことは，自分の専門教科など，得意分野に引きつけて道徳の授業を展開することができ，また，何度も同様の教材で授業を行うことにより指導力の向上につながるという指導面からの利点とともに，学級担任が自分のクラスの授業を参観することが可能となり，普段の授業とは違う角度から子供たちの新たな一面を発見することができるなど，児童生徒の学習状況や道徳性に係る成長の様子をより多面的・多角的に把握することができるといった評価の改善の観点からも有効であると考えられる。

　教師が交代で学級を回る！　つまり「ローテーション道徳」の有効性を述べています。教師の専門性に根ざした道徳実践，何度も授業を行うことによる授業力量の向上，子どもたちを多面的・多角的に把握できること，こういった利点を述べています。

　この報告では，学級担任が自分のクラスを参観することを書いていますが，実際にローテーション道徳をやっているならば，担任は別のクラスで授業を

することになるので，現実的には無理なことを書いているなあ（そりゃ参観できたらベストだろうけど）とは思いましたが，複数の教師の目によって子どもたちを見ることができることは，「グループ・モデレーション」という評価場面において個々の教師の教育的鑑識眼を高める一助になりますし，教師の主観による評価を「妥当性や信頼性」のあるものに変える契機になるはずです。「あの子，先生の授業ではそんなすごい発言してるの？　私の授業では全然話してくれないのに」といったことが日常的に起こってくるかもしれません。ローテーション道徳をやった日は，担当教員が集まって30分程度の事後検討会をもつということを決めておいてもいいかもしれません。

　ローテーション道徳は，教師の主観で終わってしまいそうな道徳の評価をより妥当なものに変えていく可能性を秘めていますし，教育的鑑識眼を高めていくことにもつながるのです。

＊**規準と基準**　「のりじゅん（規準）」と「もとじゅん（基準）」という言い方で区別します。規準は，簡単に言ってしまえば目標そのものになります。たとえば「プレゼンテーションができる」というのが評価規準になります。それに対して，基準は，規準がどれくらい達成されたのか，その程度を示す際に用いられます。モゴモゴ喋って支離滅裂な内容のプレゼンと，明快な言葉遣いで理路整然としたプレゼンでは，同じ「プレゼンテーションができる」とはいえ，違いますよね。モゴモゴ喋っているのがC評価，理路整然としたプレゼンがA評価という形で評価基準が決まってきます。

33　メタ認知とリフレクション

メタ認知とかリフレクションって最近いろいろなところで見かけませんか？　実は効果的なリフレクションをすることで，メタ認知能力が育まれていきます。教師の力量形成にも関わるんですよ。

メタ認知って何？

　メタ認知とは，「自分が認知していることを認知すること」，つまり**自分がどのように考えているのか，自分がどう感じているのかをもうひとりの自分が客観的に把握してコントロールしている**ことを指します。メタには「高次の」とか「超えた」という意味があります。

　メタ認知は，大きく「メタ認知的知識」と「メタ認知的活動」という二つの種類に分けられます。**メタ認知的知識**とは，自分ってどんな人間だろうということに関する知識です。たとえば「人前に出ると緊張してしまう」とか，「物事をマイナスに考えがち」というのがこれに当たります。自分について知る，**自分についての知識**という感じでしょうか。

　メタ認知的活動とは，メタ認知的知識で把握している自分について，今の自分はどのような状況なのかを把握（**モニタリング**）したり，こうすればうまくいくんじゃないかと**コントロール**したり，対案を出したりすることを指します。たとえば，「人前で喋らないといけないけど緊張している。でも，いつもよりはリラックスできているし，十分練習もしたから大丈夫」と自分の状態を把握しながら，コントロールしていることがメタ認知的活動です。

　このメタ認知は，CCR（Center for Curriculum Redesign）が提唱した「教育の４次元」においても取り入れられています。そこでは「メタ学習」が「知識，スキル，人間性」の３次元全てを包含する次元として取り入れられています（次ページの図を参照，ファデルら2016）。ここでいうメタ学習には，メタ認知と成長的マインドセットが含まれていますが（メタ認知＋もっとよ

くなりたいという成長的マインドセット＝メタ学習），メタ認知が重要な位置づけにあることはわかります（マインドセットについては第1章第4講を参照）。

図　CCRの枠組み

出典：ファデルら2016より

メタ認知とリフレクション

リフレクション（reflection）とは内省，反省，省察，熟慮，振り返りなどと訳されていますが，これまでの自分の思考や行為を振り返って意味づけしていくことを意味しています。第1章第3講の「考える道徳」のところでも登場したデューイは，学習における熟慮的思考を重視しましたが，まさにこの熟慮というのがリフレクションの訳語なのです！　もう一度同じことを書きますが，熟慮とはいろいろとやってきたことの中に関係性を見出していくこと，意味を見出していくこと，この行為がどのような結果（未来）につながるのかと物事の前後に関連を見つけることを意味しています。

つまり，リフレクションは単に昔を思い出すという「振り返り」を意味するのではなく，過去に生じたことを改めて捉え直して，そこにどのような意味があるのか，他に知っていることとの間に接点はないのか，これからどうすればいいのか結びつけていくことなのです。リフレクションには特にメタ認知的活動が大きく関わっていることがわかるかと思います（三宮2018）。

どう育んでいく？

メタ認知とリフレクションが非常に近い意味を持っているのであれば，授業におけるリフレクションを上手に実践していけば，メタ認知が向上するということが言えそうです。道徳の授業では，授業後の「振り返り」がリフレクションの活動に該当しますね。すでに第12講で述べましたが，振り返りが単なる授業の感想ではなく「今日気づいたこと，新しく発見したこと，わか

らなかったこと，疑問に思ったこと」などに焦点を当てたほうがいいのは，**授業全体のプロセスを見返してみて，その時々でどのような思考の揺れがあったのか，子どもたちが意識するため**でもあります。

　最初から子どもたちが上手にリフレクションができるわけではないかもしれません。メタ認知が，自分を見つめることや自分をモニターしてコントロールする働きを持っているので，その点に焦点を当てた教師のサポートが効果的でしょう。こういったサポートのもとで意識的にリフレクションを繰り返していくことによって，メタ認知能力が徐々に育まれると言えます。

　また第29講でも述べましたが，リフレクションによって社会情動的スキルが育まれていきます。子どもが自分を見つめていく，そのプロセスに教師が関与することによって，メタ認知スキルの質が変わってきます。具体的には，自分と向き合おうとしていた点，自分を高めようとしていた点，他者と関わろうとしていた点に焦点化したフィードバックが効果的であると中山芳一氏は述べています（中山2020）。

　一時期，「私のトリセツ」（取扱説明書）というミニワークが流行りました。私はこんな特徴を持っているから，こう接してくださいなど，自分のトリセツをつくるワークです。これも，自分をメタ認知する活動になっています。

　メタ認知は教師の教育実践をリフレクションすることに用いることもできます。教師のリフレクションについては，「省察的実践家」の提唱者であるショーン（D. A. Schön）や，教師教育学者のコルトハーヘン（F. A. J. Korthagen）が提示した ALACT モデルが有名です。授業を振り返る中で，そこでの違和感（認知だけではなく，感情レベルでも）を感じ取り，その違和感の正体に気づくことで自分が大切にしたい教育の本質がわかり，実践するに当たっての選択肢が拡大するというモデルです。岩瀬直樹氏らは日々の実践を記録し，振り返ること，その記述を信頼のおける他者に見せてフィードバックをもらうというリフレクションを提唱しています（岩瀬，中川2020）。このようなリフレクションを繰り返す中で，新たに見えてくる実践があるのではないでしょうか。

おわりに

　ここまで読み進めていただき，ありがとうございます。本書は2017年に出版された『ゼロから学べる道徳科授業づくり』（明治図書）の続編に当たるものです。おかげさまで多くの方に手にとっていただき，その流れで明治図書のホームページ「教育 zine」では２年間連載をさせていただきました。本書は，基本的にはその連載を大幅に加筆修正したものですが，新たに15の原稿を加えた構成になっています。

　2021年１月に中央教育審議会が「『令和の日本型学校教育』の構築を目指して（答申）」を取りまとめました。この答申の骨子は，昔から伝統的にある「一斉授業」の問題点を克服する「個別最適な学び」と，子どもの可能性を引き出す「協働的な学び」の提起，そしてそれらを支える ICT 活用です。

　考え方そのものを特に批判するわけではないのですが，実は道徳に関する記述がほとんどないことが気になっています。たとえば，「日本人は礼儀正しく，勤勉で，道徳心が高いと考えられており，また，我が国の治安の良さは世界有数である。これは，全人格的な陶冶，社会性の涵養を目指す日本型学校教育の成果であると評価することができる」と書いてありますが，これまで「全人格的な陶冶，社会性の涵養」を担ってきた「道徳教育」の批判的検討がないままでいいのかなと思ってしまいます。

　2017年告示の学習指導要領前文に，とても素晴らしいことが書いてあります。

　　　一人一人の児童（生徒）が，自分のよさや可能性を認識するとともに，あらゆる他者を価値のある存在として尊重し，多様な人々と協働しながら様々な社会的変化を乗り越え，豊かな人生を切り拓き，持続可能な社会の創り手となることができるようにする。

　個人的には，これこそが道徳教育の理念ではないかって捉えています。自分も他人も大切にして，多様な人と一緒に取り組みながら，多文化共生社会や持続可能な社会を実現していこうという考え方を徹底的に大切にする。この基盤があってこそ，個別最適な学びや協働的な学びが「個人と社会の幸

福」の達成に働きかけていくと思います。そしてこの基盤を養っていくのが道徳教育なのではないでしょうか。これまでの「道徳教育」，つまり道徳性の定義や教育内容，扱われる教材，教育方法など，そのすべてにおいてなされてきたことが，はたして個人や社会の幸福を追い求めるものになっていたのか，一度立ち止まって精査し，検討する時期にきているのではないでしょうか。

　アメリカの評論家，トフラー（A. Toffler）は次のように述べています。「学生に，いかにして学び（learn），忘れ去り（unlearn），ふたたび学ぶ（relearn）かを教えることによって，強力な新しい次元を教育に付加することが可能になる」（トフラー『未来の衝撃』中公文庫，1982）。つまり，学んで，それを学びほぐして，学び直すという「学び方を学ぶこと」が大事だということですね。本書を通じて，道徳の授業づくりについて学んで，ぜひそれを教室で実践してみてください。そのうちに自分なりにアレンジしたくなるはずです。学びほぐすとは，一旦学んだことを「本当にそうかな？」と見つめ直して組み替えていく作業のことです。そこから，また新しい学びが始まります。「今の道徳教育でいいの？」と批判的に眺めることも unlearn につながります。

　この本で提示したことは一つの「案」であって，それを守らないといけないというわけではありません。ぜひ先生方には，この本をきっかけに，unlearn して，relearn してほしいと思っています。そしてその「学び方」そのものを，子どもたちに伝えていってほしいと思います。

　最後になりましたが，前回の『ゼロ道徳』，そして連載期間中から今回の書籍化まで，原稿の遅れがちな私をずっとポジティブに励ましてくださった明治図書の林知里さんに感謝の念を込めて，本書を締めたいと思います。

　ありがとうございました。

2021年3月

荒木寿友

付録　学習指導要領『解説』　内容項目一覧

	小学校第1学年及び第2学年（19）	小学校第3学年及び第4学年（20）
A　主として自分自身に関すること		
善悪の判断, 自律, 自由と責任	（1）よいことと悪いこととの区別をし, よいと思うことを進んで行うこと。	（1）正しいと判断したことは, 自信をもって行うこと。
正直, 誠実	（2）うそをついたりごまかしをしたりしないで, 素直に伸び伸びと生活すること。	（2）過ちは素直に改め, 正直に明るい心で生活すること。
節度, 節制	（3）健康や安全に気を付け, 物や金銭を大切にし, 身の回りを整え, わがままをしないで, 規則正しい生活をすること。	（3）自分でできることは自分でやり, 安全に気を付け, よく考えて行動し, 節度のある生活をすること。
個性の伸長	（4）自分の特徴に気付くこと。	（4）自分の特徴に気付き, 長所を伸ばすこと。
希望と勇気, 努力と強い意志	（5）自分のやるべき勉強や仕事をしっかり行うこと。	（5）自分でやろうと決めた目標に向かって, 強い意志をもち, 粘り強くやり抜くこと。
真理の探究		
B　主として人との関わりに関すること		
親切, 思いやり	（6）身近にいる人に温かい心で接し, 親切にすること。	（6）相手のことを思いやり, 進んで親切にすること。
感謝	（7）家族など日頃世話になっている人々に感謝すること。	（7）家族など生活を支えてくれている人々や現在の生活を築いてくれた高齢者に, 尊敬と感謝の気持ちをもって接すること。
礼儀	（8）気持ちのよい挨拶, 言葉遣い, 動作などに心掛けて, 明るく接すること。	（8）礼儀の大切さを知り, 誰に対しても真心をもって接すること。
友情, 信頼	（9）友達と仲よくし, 助け合うこと。	（9）友達と互いに理解し, 信頼し, 助け合うこと。
相互理解, 寛容		（10）自分の考えや意見を相手に伝えるとともに, 相手のことを理解し, 自分と異なる意見も大切にすること。
C　主として集団や社会との関わりに関すること		
規則の尊重	（10）約束やきまりを守り, みんなが使う物を大切にすること。	（11）約束や社会のきまりの意義を理解し, それらを守ること。
公正, 公平, 社会正義	（11）自分の好き嫌いにとらわれないで接すること。	（12）誰に対しても分け隔てをせず, 公正, 公平な態度で接すること。
勤労, 公共の精神	（12）働くことのよさを知り, みんなのために働くこと。	（13）働くことの大切さを知り, 進んでみんなのために働くこと。
家族愛, 家庭生活の充実	（13）父母, 祖父母を敬愛し, 進んで家の手伝いなどをして, 家族の役に立つこと。	（14）父母, 祖父母を敬愛し, 家族みんなで協力し合って楽しい家庭をつくること。
よりよい学校生活, 集団生活の充実	（14）先生を敬愛し, 学校の人々に親しんで, 学級や学校の生活を楽しくすること。	（15）先生や学校の人々を敬愛し, みんなで協力し合って楽しい学級や学校をつくること。
伝統と文化の尊重, 国や郷土を愛する態度	（15）我が国や郷土の文化と生活に親しみ, 愛着をもつこと。	（16）我が国や郷土の伝統と文化を大切にし, 国や郷土を愛する心をもつこと。
国際理解, 国際親善	（16）他国の人々や文化に親しむこと。	（17）他国の人々や文化に親しみ, 関心をもつこと。
D　主として生命や自然, 崇高なものとの関わりに関すること		
生命の尊さ	（17）生きることのすばらしさを知り, 生命を大切にすること。	（18）生命の尊さを知り, 生命あるものを大切にすること。
自然愛護	（18）身近な自然に親しみ, 動植物に優しい心で接すること。	（19）自然のすばらしさや不思議さを感じ取り, 自然や動植物を大切にすること。
感動, 畏敬の念	（19）美しいものに触れ, すがすがしい心をもつこと。	（20）美しいものや気高いものに感動する心をもつこと。
よりよく生きる喜び		

小学校第5学年及び第6学年（22）	中学校（22）	
A　主として自分自身に関すること		
（1）自由を大切にし、自律的に判断し、責任のある行動をすること。	（1）自律の精神を重んじ、自主的に考え、判断し、誠実に実行してその結果に責任をもつこと。	自主、自律、自由と責任
（2）誠実に、明るい心で生活すること。		
（3）安全に気を付けることや、生活習慣の大切さについて理解し、自分の生活を見直し、節度を守り節制に心掛けること。	（2）望ましい生活習慣を身に付け、心身の健康の増進を図り、節度を守り節制に心掛け、安全で調和のある生活をすること。	節度、節制
（4）自分の特徴を知って、短所を改め長所を伸ばすこと。	（3）自己を見つめ、自己の向上を図るとともに、個性を伸ばして向上心、充実した生き方を追求すること。	個性の伸長
（5）より高い目標を立て、希望と勇気をもち、困難があってもくじけずに努力して物事をやり抜くこと。	（4）より高い目標を設定し、その達成を目指し、希望と勇気をもち、困難や失敗を乗り越えて着実にやり遂げること。	希望と勇気、克己と強い意志
（6）真理を大切にし、物事を探究しようとする心をもつこと。	（5）真実を大切にし、真理を探究して新しいものを生み出そうと努めること。	真理の探究、創造
B　主として人との関わりに関すること		
（7）誰に対しても思いやりの心をもち、相手の立場に立って親切にすること	（6）思いやりの心をもって人と接するとともに、家族などの支えや多くの人々の善意により日々の生活や現在の自分があることに感謝し、進んでそれに応え、人間愛の精神を深めること。	思いやり、感謝
（8）日々の生活が家族や過去からの多くの人々の支え合いや助け合いで成り立っていることに感謝し、それに応えること。		
（9）時と場をわきまえて、礼儀正しく真心をもって接すること。	（7）礼儀の意義を理解し、時と場に応じた適切な言動をとること。	礼儀
（10）友達と互いに信頼し、学び合って友情を深め、異性についても理解しながら、人間関係を築いていくこと。	（8）友情の尊さを理解して心から信頼できる友達をもち、互いに励まし合い、高め合うとともに、異性についての理解を深め、悩みや葛藤も経験しながら人間関係を深めていくこと。	友情、信頼
（11）自分の考えや意見を相手に伝えるとともに、謙虚な心をもち、広い心で自分と異なる意見や立場を尊重すること。	（9）自分の考えや意見を相手に伝えるとともに、それぞれの個性や立場を尊重し、いろいろなものの見方や考え方があることを理解し、寛容の心をもって謙虚に他に学び、自らを高めていくこと。	相互理解、寛容
C　主として集団や社会との関わりに関すること		
（12）法やきまりの意義を理解した上で進んでそれらを守り、自他の権利を大切にし、義務を果たすこと。	（10）法やきまりの意義を理解し、それらを進んで守るとともに、そのより良い在り方について考え、自他の権利を大切にし、義務を果たして、規律ある安定した社会の実現に努めること。	遵法精神、公徳心
（13）誰に対しても差別をすることや偏見をもつことなく、公正、公平な態度で接し、正義の実現に努めること。	（11）正義と公正さを重んじ、誰に対しても公平に接し、差別や偏見のない社会の実現に努めること。	公正、公平、社会正義
（14）働くことや社会に奉仕することの充実感を味わうとともに、その意義を理解し、公共のために役に立つことをすること。	（12）社会参画の意識と社会連帯の自覚をもち、公共の精神をもってよりよい社会の実現に努めること。	社会参画、公共の精神
	（13）勤労の尊さや意義を理解し、将来の生き方について考えを深め、勤労を通じて社会に貢献すること。	勤労
（15）父母、祖父母を敬愛し、家族の幸せを求めて、進んで役に立つことをすること。	（14）父母、祖父母を敬愛し、家族の一員としての自覚をもって充実した家庭生活を築くこと。	家族愛、家庭生活の充実
（16）先生や学校の人々を敬愛し、みんなで協力し合ってよりよい学級や学校をつくるとともに、様々な集団の中での自分の役割を自覚して集団生活の充実に努めること。	（15）教師や学校の人々を敬愛し、学級や学校の一員としての自覚をもち、協力し合ってよりよい校風を作るとともに、様々な集団の意義や集団の中での自分の役割と責任を自覚して集団生活の充実に努めること。	よりよい学校生活、集団生活の充実
（17）我が国や郷土の伝統と文化を大切にし、先人の努力を知り、国や郷土を愛する心をもつこと。	（16）郷土の伝統と文化を大切にし、社会に尽くした先人や高齢者に尊敬の念を深め、地域社会の一員としての自覚をもって郷土を愛し、進んで郷土の発展に努めること。	郷土の伝統と文化の尊重、郷土を愛する態度
	（17）優れた伝統の継承と新しい文化の創造に貢献するとともに、日本人としての自覚をもって国を愛し、国家及び社会の形成者として、その発展に努めること。	我が国の伝統と文化の尊重、国を愛する態度
（18）他国の人々や文化について理解し、日本人としての自覚をもって国際親善に努めること。	（18）世界の中の日本人としての自覚をもち、他国を尊重し、国際的視野に立って、世界の平和と人類の発展に寄与すること。	国際理解、国際貢献
D　主として生命や自然、崇高なものとの関わりに関すること		
（19）生命が多くの生命のつながりの中にあるかけがえのないものであることを理解し、生命を尊重すること。	（19）生命の尊さについて、その連続性や有限性なども含めて理解し、かけがえのない生命を尊重すること。	生命の尊さ
（20）自然の偉大さを知り、自然環境を大切にすること。	（20）自然の崇高さを知り、自然環境を大切にすることの意義を理解し、進んで自然の愛護に努めること。	自然愛護
（21）美しいものや気高いものに感動する心や人間の力を超えたものに対する畏敬の念をもつこと。	（21）美しいものや気高いものに感動する心をもち、人間の力を超えたものに対する畏敬の念を深めること。	感動、畏敬の念
（22）よりよく生きようとする人間の強さや気高さを理解し、人間として生きる喜びを感じること。	（22）人間には自らの弱さや醜さを克服する強さや気高く生きようとする心があることを理解し、人間として生きることに喜びを見いだすこと。	よりよく生きる喜び

引用・参考文献一覧

第1章

荒木寿友（2017）『ゼロから学べる道徳科授業づくり』明治図書

荒木寿友，藤澤文編著（2019）『道徳教育はこうすれば〈もっと〉おもしろい』北大路書房

有光興記，藤澤文編著（2015）『モラルの心理学』北大路書房

板倉聖宣（1988）『たのしい授業の思想』仮説社

上田信行（2020）『プレイフル・シンキング　決定版』宣伝会議

金光靖樹，佐藤光友編著（2016）『やさしく学ぶ道徳教育』ミネルヴァ書房

M. Kapur, (2008) "Productive Failure", Cognition and Instruction, 26:3

ケラー著，鈴木克明監訳（2010）『学習意欲をデザインする：ARCS モデルによるインストラクショナルデザイン』北大路書房

斎藤喜博（2006）『授業入門』国土社

白水始（2020）『「対話力」：仲間との対話から学ぶ授業をデザインする！』東洋館出版社

A. ダックワース著，神崎朗子訳（2016）『やり抜く力』ダイヤモンド社

田中耕治編著（2017）『教職教養講座第6巻道徳教育』協同出版

田村学（2018）『深い学び』東洋館出版社

M. チクセントミハイ著，大森弘監訳（2010）『フロー体験入門─楽しみと創造の心理学』世界思想社

キャロル・S・ドゥエック著，今西康子訳（2008）『マインドセット「やればできる！」の研究』草思社

中央教育審議会答申（2014）「道徳に係る教育課程の改善等について」

J. デューイ著，松野安男訳（1975）『民主主義と教育（上）』岩波書店

道徳教育の充実に関する懇談会（2013）「今後の道徳教育の改善・充実方策について（報告）」

道徳教育に係る評価等の在り方に関する専門家会議（2016）「『特別の教科道徳』の指導方法・評価等について（報告）」

東京学芸大学（2012）『道徳教育に関する小・中学校の教員を対象とした調査─道徳の時間への取組を中心として─〈結果報告書〉』

中野民夫，堀公俊（2009）『対話する力』日本経済新聞出版社

波多野誼余夫，稲垣佳世子（1973）『知的好奇心』中公新書

藤原由香里（2019）「『なってみる』活動を通して体験的に学びを深める道徳授業」荒木寿友，藤澤文編著『道徳教育はこうすれば〈もっと〉おもしろい』北大路書房

P. フレイレ著，小沢有作ら訳（1979）『被抑圧者の教育学』亜紀書房

P. フレイレ著，里見実訳（1982）『伝達か対話か─関係変革の教育学』亜紀書房

M. ブーバー著，植田重雄訳（1979）『我と汝・対話』岩波文庫

D. ボーム著，金井真弓訳（2007）『ダイアローグ対立から共生へ，議論から対話へ』英治出版

松下佳代，京都大学高等教育研究開発推進センター編著（2015）『ディープ・アクティブラーニング』勁草書房

文部科学省（2015）『教育課程企画特別部会における論点整理について』（報告）

文部科学省（2017）『新しい学習指導要領の考え方：中央教育審議会における議論から改訂そして実施へ』平成29年度小・中学校新教育課程説明会（中央説明会）における文部科学省説明資料

第2章

荒木寿友（2016）「ワークショップの構造からみた新しい類型化の試み―連続した取り組みとしてワークショップを展開するために―」『立命館教職教育研究』特別号，pp.3-13

荒木寿友（2017）「思考の前提や枠組みに気づいていく道徳へ～「メタの力」を育む道徳授業～」『道徳教育』1月号，明治図書，2017年12月，pp.68-70

荒木寿友（2018）「これからの道徳教材の方向性：資質・能力を育成するための道徳教材開発」日本道徳教育学会『道徳と教育』336号，pp.119-130

荒木寿友編著（2019）『未来のための探究的道徳：問いにこだわり知を深める授業づくり』明治図書

荒木紀幸監修，道徳性発達研究会編（2012）『モラルジレンマ教材でする白熱討論の道徳授業 小学校編』明治図書

安斎勇樹，塩瀬隆之（2020）『問いのデザイン：創造的対話のファシリテーション』学芸出版社

岩瀬直樹，中川綾（2020）『読んでわかる！リフレクション：みんなのきょうしつ増補改訂版』学事出版

OECD Education 2030（http://www.oecd.org/education/2030/）

OECD（2015）『家庭，学校，地域社会における社会情動的スキルの育成：国際的エビデンスのまとめと日本の教育実践・研究に対する示唆』ベネッセ教育総合研究所

OECD編著，ベネッセ教育総合研究所企画・制作，無藤隆，秋田喜代美監訳（2018）『社会情動的スキル：学びに向かう力』明石書店

大阪市立大空小学校ホームページ　http://swa.city-osaka.ed.jp/swas/index.php?id=e731673

小貫悟，桂聖（2014）『授業のユニバーサルデザイン入門：どの子も楽しく「わかる・できる」授業のつくり方』東洋館出版社

加藤宣行（2012）『道徳授業を変える　教師の発問力』東洋館出版社

加藤宣行（2017）『考え，議論する道徳に変える指導の鉄則50』明治図書

加藤宣行（2019）『考え，議論する道徳に変える話し合い＆道徳ノートの鉄則45』明治図書

木村泰子（2015）『「みんなの学校」が教えてくれたこと：学び合いと育ち合いを見届けた3290日』小学館

キャロル・犬飼・ディクソンら著（2018）『「知の理論」をひもとく UNPACKING TOK』ふくろう出版

Character. org, *Model Standards for Character and Social-Emotional Development (CSED)*, Washington, D. C.

国立教育政策研究所（2011）「情報モラル教育実践ガイダンス：すべての小・中学校で，すべての先生が指導するために」

国立教育政策研究所生徒指導研究センター（2011）「子どもの社会性が育つ『異年齢の交流活動』―活動実施の考え方から教師用活動案まで―」

児美川孝一郎（2013）『キャリア教育のウソ』筑摩書房

坂本哲彦（2014）『道徳授業のユニバーサルデザイン：全員が楽しく「考える・わかる」道徳授業づくり』東洋館出版社

澤田浩一（2020）『道徳的諸価値の探究「考え，議論する」道徳のために』学事出版

三宮真智子（2018）『メタ認知で〈学ぶ力〉を高める：認知心理学が解き明かす効果的学習法』北大路書房

白井俊（2020）『OECD Education 2030プロジェクトが描く教育の未来：エージェンシー，資質・能力とカリキュラム』ミネルヴァ書房

B. D. シャクリー著，田中耕治監訳（2001）『ポートフォリオをデザインする：教育評価への新しい挑戦』ミネルヴァ書房

多賀一郎編著（2018）『絵本を使った道徳授業の進め方　指導項目を踏まえたすぐに役立つ19実践』黎明書房

中央教育審議会（2021）『「令和の日本型学校教育」の構築を目指して～全ての子供たちの可能性を引き出す，個別最適な学びと，協働的な学びの実現～（答申）』文部科学省

永田繁雄（2014）「道徳授業の発問を変える『テーマ発問』とは」『道徳教育』8月号，明治図書

中山芳一（2020）『家庭，学校，職場で生かせる！自分と相手の非認知能力を伸ばすコツ』東京書籍

西岡加名恵（2003）『教科と総合に活かすポートフォリオ評価法』図書文化社

西野真由美（2018）「『主体的・対話的で深い学び』を実現する教材の開発と活用」日本道徳教育学会『道徳と教育』第336号，pp.141-151

日本 SEL 推進協会（https://sel-japan.org/）

S. Bastian ら著，大山智子訳，後藤健夫編（2016）『Theory of Knowledge 世界が認めた「知の理論」』ピアソン・ジャパン株式会社

平野朝久（1994）『はじめに子どもありき：教育実践の基本』学芸図書株式会社

C. ファデルら著，岸学監訳（2016）『21世紀の学習者と教育の4つの次元』北大路書房

藤井基貴（2014）「災害道徳の教育：「防災道徳」授業の実践と哲学教育への可能性」『文化と哲学』31巻，静岡大学哲学会，pp.21-40

藤井基貴（2019 a）「現代的な課題と道徳教育」荒木寿友，藤井基貴編著『道徳教育』ミネルヴァ書房

藤井基貴（2019 b）「高いところに引っ越す？引っ越さない？」荒木寿友，藤澤文編著『道徳教育はこうすれば〈もっと〉おもしろい』北大路書房

堀哲夫（2019）『一枚ポートフォリオ評価 OPPA』東洋館出版社

松倉紗耶香（2020）「社会を変革できる子どもに育てる」奈須正裕編著『ポスト・コロナショックの授業づくり』東洋館出版社

文部科学省　国際バカロレアについて（https://www.mext.go.jp/a_menu/kokusai/ib/）

文部科学省「OECD Education 2030 プロジェクトについて」
https://www.oecd.org/education/2030-project/about/documents/OECD-Education-2030-Position-Paper_Japanese.pdf

文部科学省（2011）『小学校キャリア教育の手引き（改訂版）』教育出版

文部科学省（2011）『中学校キャリア教育の手引き』教育出版

文部科学省（2017）『小学校学習指導要領（平成29年告示）』

文部科学省（2017）『小学校学習指導要領（平成29年告示）解説　特別の教科　道徳偏』

文部科学省（2017）『中学校学習指導要領（平成29年告示）』

文部科学省（2017）『中学校学習指導要領（平成29年告示）解説　特別の教科　道徳編』

文部省（1975）『カリキュラム開発の課題：カリキュラム開発に関する国際セミナー報告書』

山崎雄介（2015）「道徳の『特別教科』化と教育実践の展望」日本教育方法学会編『教育のグローバル化と道徳の「特別の教科」化』図書文化社

ヨシタケシンスケさく・伊藤亜紗そうだん（2018）『みえるとかみえないとか』アリス館

ヨシタケシンスケ・伊藤亜紗『みえるとかみえないとか』発売記念対談①～④アリス館 HP

M. リップマン著，河野哲也，土屋陽介，村瀬智之監訳（2014）『探求の共同体：考えるための教室』玉川大学出版部

渡辺貴裕，藤原由香里（2020）『なってみる学び：演劇的手法で変わる授業と学校』時事通信社

初出一覧

本書は，明治図書ONLINE・教育zineで連載された①「世界一わかりやすい道徳の授業づくり講座」（2017年6月〜2018年5月）および②「考え，議論する道徳授業を創る！問いでわかる道徳授業づくり・実践講座」（2018年6月〜2019年5月）を大幅に加筆・修正したものに，新たな書き下ろしを加えたものです。

第1章
02　学習指導要領の目玉，「深い学び」と道徳の関係性は？
　①【第12回】道徳科で実現する「主体的・対話的で深い学び」―道徳における深い学びって何？―
　　https://www.meijitosho.co.jp/eduzine/etum/?id=20180380
03　考え，議論する道徳とは？
　①【第4回】考え，議論する道徳に変えるためには？〈1〉コンピテンスと考える道徳
　　https://www.meijitosho.co.jp/eduzine/etum/?id=20170717
　①【第5回】考え，議論する道徳に変えるためには？〈2〉議論と対話，何が違う？
　　https://www.meijitosho.co.jp/eduzine/etum/?id=20170807
　①【第6回】考え，議論する道徳に変えるためには？〈3〉対話への道徳教育
　　https://www.meijitosho.co.jp/eduzine/etum/?id=20170895
04　授業づくりの大前提：もやもやとワクワク
　①【第1回】もやもやワクワクの道徳授業づくり　悩むことが成長の第一歩
　　https://www.meijitosho.co.jp/eduzine/etum/?id=20170422
　①【第2回】ワクワクが学びを加速させる　もやもやワクワクの道徳授業づくり　その2
　　https://www.meijitosho.co.jp/eduzine/etum/?id=20170513

第2章
01　道徳授業のねらいを伝える授業開き
　①【第10回】道徳科，ついにスタート！考え，議論する土台をつくる道徳の授業開き
　　https://www.meijitosho.co.jp/eduzine/etum/?id=20180172
02　子どもの問いから始まる授業開き
　②【第11回】子どもの疑問に答える道徳の授業開き
　　https://www.meijitosho.co.jp/eduzine/q4um/?id=20190257
03　教科書の読み物教材とどう付き合うか
　①【第9回】道徳の教科書における読み物教材とどう向き合うか
　　https://www.meijitosho.co.jp/eduzine/etum/?id=20180101
06　メッセージ性の強い教材の扱い方
　②【第3回】メッセージ性の強い教材をどう扱う？
　　https://www.meijitosho.co.jp/eduzine/q4um/?id=20180723
07　絵本の教材化ではリスペクトを忘れずに
　②【第7回】絵本を用いた道徳の授業づくり
　　https://www.meijitosho.co.jp/eduzine/q4um/?id=20181098

【著者紹介】

荒木 寿友（あらき かずとも）

1972年生まれ。2003年京都大学大学院教育学研究科博士課程修了（博士）。現在，立命館大学大学院教職研究科教授。放送大学客員教授。日本道徳性発達実践学会事務局長。光村図書道徳教科書編集委員。NPO 法人 EN Lab. 代表理事。

専門は，教育方法学，道徳教育，国際教育，教師教育学など。対話やワークショップを核とした研究とともに，国内外（海外はミャンマー）で教育支援，教師支援活動を行う。

単著に『学校における対話とコミュニティの形成』（三省堂，2013），『ゼロから学べる道徳科授業づくり』（明治図書，2017）。編著に『未来のための探究的道徳 「問い」にこだわり知を深める授業づくり』（明治図書，2019），『道徳教育はこうすれば〈もっと〉おもしろい』（北大路書房，2019），『新しい教職教育講座 道徳教育』（ミネルヴァ書房，2019）など。共著に「コンピテンシーの育成と人格の形成——道徳のコンピテンシーから導かれる〈道徳性〉の再定義」『深い学びを紡ぎ出す』（勁草書房，2019），「発達理論と道徳教育——道徳性の発達をふまえた内容項目の検討」『道徳教育はいかにあるべきか』（ミネルヴァ書房，2021）など多数。

〔本文イラスト〕木村美穂

いちばんわかりやすい道徳の授業づくり
対話する道徳をデザインする

2021年8月初版第1刷刊 ©著 者	荒 木 寿 友

2022年4月初版第2刷刊　発行者　藤 原 光 政

発行所　明治図書出版株式会社
http://www.meijitosho.co.jp
（企画）林 知里（校正）井草正孝
〒114-0023　東京都北区滝野川7-46-1
振替00160-5-151318　電話03(5907)6703
ご注文窓口　電話03(5907)6668

＊検印省略　　　組版所 株式会社アイデスク

Printed in Japan　　　ISBN978-4-18-354916-7
もれなくクーポンがもらえる！読者アンケートはこちらから